信心素描

Shinjin Sobyo

おやさまに導かれた女性

伊橋幸江

Ihashi Yukie

道友社

はじめに

世界一れつをたすけたい。この親なる神様のお心を、おやさまは、わたしたち人間に分かるように示してくださいました。

おやさまに導かれた人びとは、真に「生きる」ということに目覚めて、この道を歩まれました。

こんにち、世界には困難な問題が山積みされていますが、人間社会における利害などが複雑にからみあい、問題の解決にいたる処方箋《しょほうせん》は簡単にはみつかりません。

けれども、おやさまは、まずは一名一人《いちめいいちにん》、すなわち、わたしというひとりが誠の心でおやさまの「ひながた」を辿《たど》ることが、陽気ぐらし世界へいたる道であると教えてくださいました。

おやさまは親神様の教えを、「月日のやしろ」として口に筆に説きしるし、「ひながた」の親として、じっさいに通って示されました。

それは、『おふでさき』『みかぐらうた』『おさしづ』の原典ならびに「こふき話」に、そして『天理教教典』『稿本天理教教祖伝』に明らかです。

それは、どのように生きることか、ということになりますと、おやさまに親しく導かれた人びとの姿をとおして、具体的に学ばせていただくことができます。

おやさまに導かれたこの道の先人は、おやさまのお言葉や心の目がひらかれたみずからの経験を、いきいきと伝えられています。

こんにちでもそうですが、おやさまが身をもって通られた幕末から明治という時代は、当時の社会的な制約のもとに生きるという側面が顕著です。

そのなかにあって、おやさまは、大切とされた家柄や財産という形あるものによるのではなく、一名一人の心《こころ》しだい、その心どおりにご守護いただく道を示してくださいました。

手足を縛る縄が解かれるような、靄《もや》が晴れて青空がひろがるような感激をもって、人びとはその教えをうけとめたのではないかとおもうのです。

『先人素描』（高野友治《たかのともじ》著、道友社新書）という本があります。現在も書店で手にすることができます。おやさまから親しく教えをうけ真実に生きた人びとを描いた素敵な本です。

この『先人素描』につづくものとして、ここでは、とくに、これまでほとんど取りあげられることがなかった女性の先人に光をあて、その姿をスケッチしました。おやさまに導かれた九人の女性は、おやさまのお心をみずからの心として力強く歩まれています。

この小さな本が、いま昏迷の時代を歩むわたしたちのしるべになれば、しあわせです。

著　者

もくじ

はじめに 1
増井りん・その一　心がうれしくなって晴ればれする世界へ 7
増井りん・その二　人を喜ばしたら神様が喜んでくださる 15
梅谷たね　いつも綺麗な心で、人様に喜んでいただくように 25
山澤ひさ　人を喜ばせ満足さすという心 35

山田こいそ　目に見えん徳いただきとうございます　47
辻とめぎく　やっぱり、おつとめに出させていただいてよかった　59
中山たまへ　この道は、おやさまおひとりからできた道や　71
永尾よしゑ　おやさまは、葉っぱ一枚も粗末にしてくれるなといわはったで　85
桝井おさめ　腹の立つ理は、めんめん我が心にあるのやで　97
梶本はる　元の親、元のぢばを信じきって　109
おわりに　123

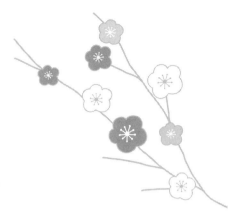

増井りん・その一

心がうれしくなって晴ればれする世界へ

明治16年、りん41歳のとき。おやさまのお守《も》り役として日々お側《そば》に仕え、別《べつ》火《び》別鍋《べつなべ》のお食事をはじめ、身のまわり一切のお世話をした　（大縣大教会所蔵）

「真っ暗闇の世界」から

増井《ますい》りん（天保十四〈一八四三〉年～昭和十四〈一九三九〉年）という先人は、明治七（一八七四）年にこの道に手引かれました。

河内国大県郡大県村《かわちのくにおおがたぐんおおがたむら》（現在の大阪府柏原《かしわら》市大県）に生まれ、家柄も財産もある豊かな家の一人娘として育ちます。十九歳で婿《むこ》養子を迎え、三人の子どもに恵まれ、何不自由なく暮らしていましたが、その暮らしは三十歳のとき、父親、ついで頼みの綱の夫を亡くして一変します。

さらに二年後、その両目が一夜の間につぶれて見えなくなります。医薬の限りをつくして回復を願いましたが効果はなく、小さな子どもを抱えて絶望の底にあったとき、人づての話をとおしておやさまの教えに導かれます。

代理の人が、おぢばで書きしるしてもらった書き物には、身の内は神の「かしも

河内から大和《やまと》方面を望む。河内で布教していたころ、重病人が与わると、おぢば帰りを心定めして歩いた。毎月おぢばで買い求める「はま下駄」はひと月もたず、裸足《はだし》で歩くりんの足の裏は石のように硬くなっていたという

の・かりもの」、「いんねんの理」、「八つのほこり」などの教理が詳しく書かれていました。さらに、三日三夜《みっかみよさ》のお願いをするときは、まずこの「教の理《おしえ》」を心に治めてからするように、と書き添えがありました。

りんは、その教の理を「なるほど」と心に聞き分けます。

「こうして、教の理を聞かせて頂いた上からは、自分の身上はどうなっても結構でございます」

「二本の杖《つえ》にすがってでも、たすけ一条のため通らせて頂きます」

と、精神を定め、三日三夜のお願いに掛かりました（『稿本天理教祖伝逸話篇』「三六　定めた心」58〜63ページ）。

三日のお願いが明ける夜明けとともに、その目は全快するのです。「真っ暗闇の世界」から一転して、「有りがたい、心が嬉《うれ》しうなって晴ればれする」世界へ出たといわれています。

その喜びをもって、九十七歳の出直しまでの六十五年間、我《わ》が身我が家を忘れ、神一条に徹しきって通られました。

何をするのも神様の

神様の「おさしづ」に、

「我が身捨てゝも構《かま》わん。身を捨てゝもという精神持って働くなら、神が働く」

と、我が身を捨ててもかまわないという精神に乗って、神様は働かれるとさとされて

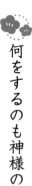

います（「明治三十二年十一月三日　昨夜の刻限のおさしづに付き、本部員一同打ち揃《そろ》いの上願」『おさしづ』改修版、巻四、3371ページ）。神様は定めた心にお働きくださったということです。

それからは、家業を人にまかせて、たすけ一条の歩みが始まります。

おぢば帰りを重ねながら無我夢中で河内布教に徹した数年ののち、ご婦人がたと交代でおやしきの御用をつとめます。そして明治十二年からは、おやさまのお守《も》り役をつとめるのです。

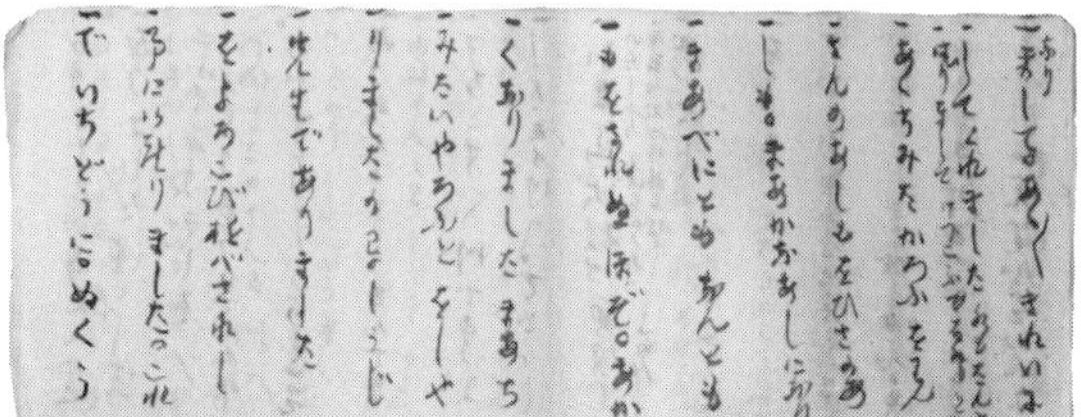

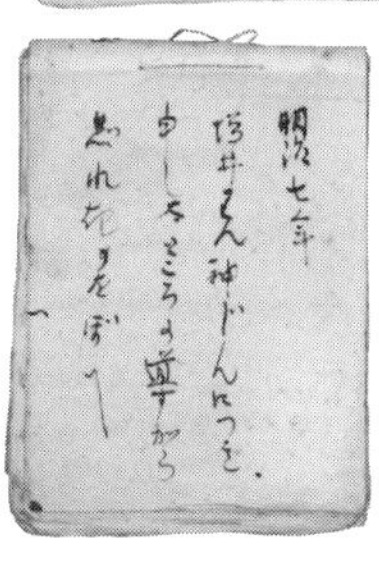

明治７年の入信以来、おやしきにつとめた日々をこまごまと書き留めた。おやさまと中山家のご家族、おやしきへ出入りした人びとの様子がしのばれる

（大縣大教会所蔵）

おやしきでのつとめは、炊事まわりや風呂焚《た》きなどの下働きでしたが、おやしきへ足が向かうと「心が晴ればれした」と語っています。

ある寒《かん》の日に、泉水《せんすい》の掃除をみずから買って出ます。おやさまのお孫さんにあたる梶本《かじもと》ひさ（のちの山澤《やまざわ》ひさ）と一緒に、素足になって冷たい水の中に入り、掃除をされます。二人の足は真っ赤になりました。美しくなった泉水をごらんになった秀司《しゅうじ》先生は、たいへん喜ばれ、「まあ、冷たいやろう」とおっしゃいました。りんは、

「これで、一度に温《ぬく》うなりました」

「誠に〳〵結構でありました」

と、そのときの喜びをしるしています。

また、ある日のこと。便所の中にたいへん汚いことをしてあったのを、頼まれもしないのに、誰にも気づかれないうちに、綺麗《きれい》に掃除をしました。

「まああんな、汚いこと、誰したやらわからんのに、掃除、人のしらん間にしておく

とは、誠の人やな」

「結構の理を聞き分け、また結構のおたすけをいただいて、その心がちがいます」

　このような、おやしきの人びとの言葉から、教の理を聞き分けて心に治めて通った信心をうかがうことができます。

　そのうえ、川で大釜《おおがま》を洗ったり、薪《まき》でかまどや風呂を焚くときであっても、年中きちんと帯をしめてつとめたということです。

　何をするのも神様の御用をさせていただいているという、気持ちのあらわれであったとおもうのです。

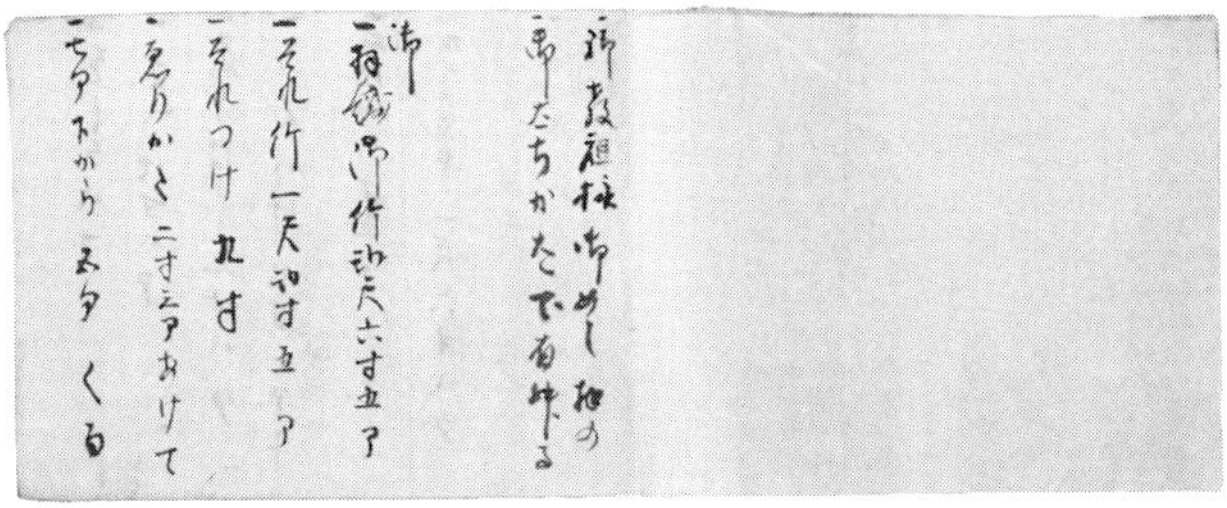

「針《はり》の芯」のお許しをいただいたりんによる、おやさまのお召しものの寸法書。赤衣《あかき》の縫《ぬ》い初めに、りんの一針が入らなければ、誰も縫うことを許されなかったと伝えられる　（大縣大教会所蔵）

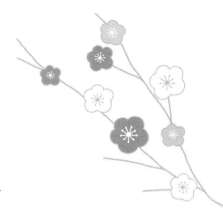

Masui Rin #2

増井りん・その二

人を喜ばしたら
神様が喜んでくださる

晩年に本部玄関前で。
「ホラ！　写真とった
はる！」と、にこやか

引きつづき、増井りんという先人を取りあげます。

身の内かしもの・かりもの

目にお手引きをいただき、「教の理《おしえ》」を聞き分けて通ったりんは、にちにち、何からでも楽しんで、いそいそとつとめました。つぎに、その心の内を知ることができる言葉をあげてみましょう。

おやさまから聞かせていただいたお言葉をいろいろと伝えていますが、その一つに、「教祖ご在世中から、『貸物借物《かしものかりもの》が肝心じゃ』と仰《おっ》しゃっていられました」とあります。この意味は、りんのお話からうかがうことができます。

「お互いに私どもは神様の御身《おんみ》の内に住居《すまい》していて、日夜神様の御自由をいただいているのであります」

「五体は神様よりの借物《かりもの》、すれば自分で勝手に使えるものではございません」

五体、すなわち、わたしたちのからだは、神様よりの「かりもの」であるといわれ、具体的に、

「腹の底からよく考えてごらん。眼《め》では見せていただく、口で話は出来る、物は食べられる、ああ結構やなあ、ほんにこの自由自在《じゅうようじざい》の御守護は、えらいものやなあと、御恩《ごおん》を深く考えねばなりませぬ」

と、神様の自由自在のご守護を説いています。そのことと世の中の常識とを対比して、

「九十五才、里ん」としるした「誠」の一字書。「教の理」を聞き分けて通ったその生涯は文字どおり、誠真実に徹したものだった。全盲をおたすけいただいたりんが、95歳にして、この力強い字をしるしている

（大縣大教会所蔵）

「それをどうかすると、世の中の人は、我《わ》が眼で見ると思い、我が口で物を言うと思うから大した間違い」

と、神様のご恩を知らずに、我が力に頼って生きている世の人びとの心得違いを指摘しています。

教の理を聞き分けた、そのポイントを、こうして語っているのです。

神様の自由自在のご守護をいただくので、目で物を見ることがで

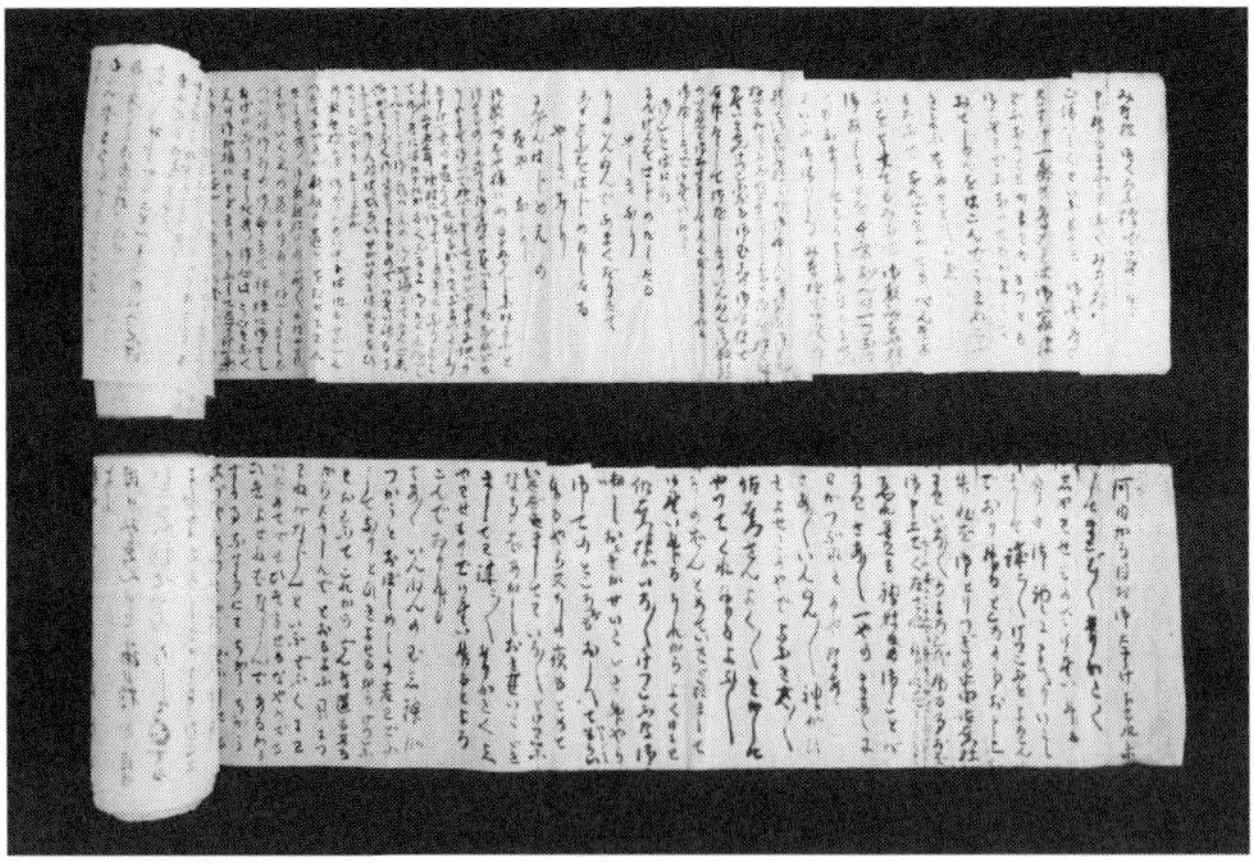

反故《ほご》紙を一枚一枚つなぎ合わせて巻物にし、その裏にお話の原稿をしたためた。逸話篇にある「教祖は、一枚の紙も、反故《ほうぐ》やからとて粗末になさらず」（四五　心の皺《しわ》を）との一節が想起される　（大縣大教会所蔵）

き、口で物を言うことができる。金銭や物、環境によって幸福があるのではない。それらを真に生かすのは、神様のご守護があってこそであった。

心の目がひらかれるとともに、生きかたが大きく変わったのです。

生涯、心のつとめ一筋に

その後、明治二十六年から十五年間、本席様のお守《も》り役をつとめます。明治三十一年には本部員同格として別席の取次人《とりつぎにん》、翌年には准本部員、三十三年には女性で唯一の本部員を拝命しました。

「おさしづ」において神様は、本部員と同等に、ということをたいへん急《せ》き込まれています。定めた心を持ち続け、誠の心で一筋《ひとすじ》に通りきったりんは、「男女《おとこおんな》の隔て無い」とさとされるとおり、神様からたいへん可愛《かわい》がられた先人であったといえるでしょう。

晩年の言葉に、

「私の身も心も、教祖の思惑《おもわく》通りですのや、私がなんぼ考えても私の思い通りになりませんのや」

「私心《わたくしごころ》は少しもありません、仰《おお》せ通りに一日一日が楽しみで、勤めさせて頂いていますのや」

というものがあります。

自分というものを中心にして、自分のためになることはするけれども、都合のよくないことはしない。これが一般の常識的な考えかたです。

しかし、この世は神様がお働きくださり、ご守護くださって成り立つ世界です。小さい人間の力では、それだけの働きしかできません。もちろん形のうえでは、自分が努力して働くのです。しかし、思いどおりにはならないといわれるのです。

「私心」を捨てる、すなわち、欲の心を捨ててつとめるところに、神様がお働きくださり、願う以上のご守護をくださる。この真実を、さりげなく伝える言葉であるとお

晩年のある日の夕暮れ時、りんは本部詰所の廊下に座ったまま、沈みゆく夕日をずっと見つめていた。あたりが暗くなると、やおら立ち上がって「今までおやさん（教祖のこと）がお寝《やす》みになるのをじっとお見送り申していましたんや。あんさんら、淋《さび》しいと思いなさらんかナ、私は淋しうてナ、毎日こうしてお見送りしますのやで」と、目をショボショボさせながら語ったという

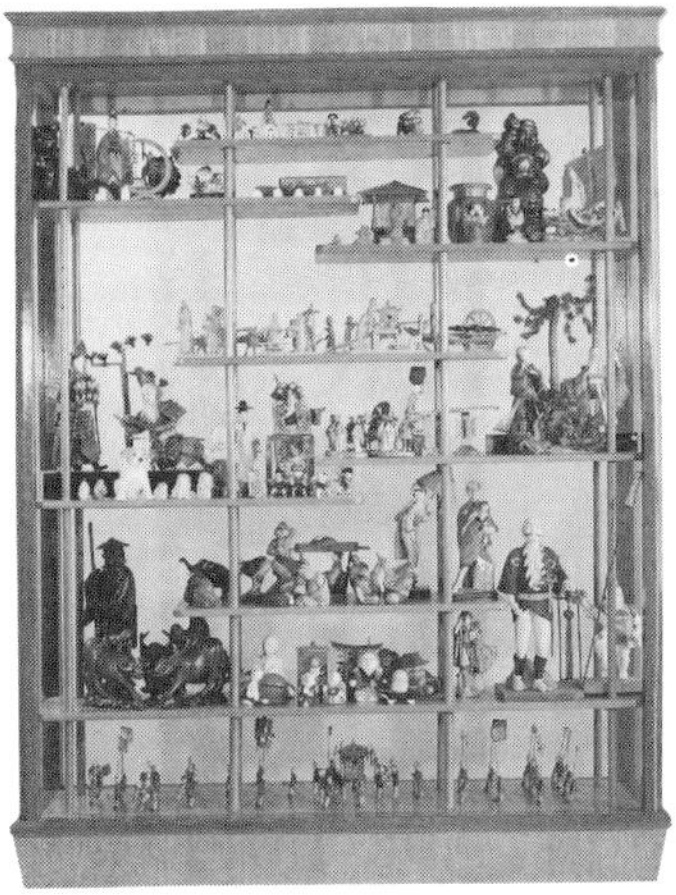

日ごろ愛《め》でていた人形
（大縣大教会所蔵）

もうのです。

おやさまは世界一れつをたすけるために、貧のどん底に落ちきって、神様のご守護の世界に生きる「ひながた」をお示しくださいました。我が身、我が家のために通られたことは一つもなかったということです。

「人を喜ばしたら、神様が喜んで下さるのやで、おやさんがそう仰《おっ》しゃった」と、りんは、自分が手にしたものは、神様のものであるという思いから、我がものにするのではなく人に与えて、それを喜んで通りました。その態度は、ご用聞きにやってくる魚屋にたいしても同じで、毎度かならず魚を求めては喜ばせたということです。出直しののちには、何一つとして形見分けをするようなものはなく、ただ日ごろ愛《め》でていたお人形だけがのこされていたといわれています。

おやさまのお心を我が心として、神様が喜んでくださる心のつとめ一筋に通りきった生涯でした。

参考文献

道友社編『誠真実《まこと》の道・増井りん――先人の遺した教話（5）』道友社新書、昭和61年
増井りん「勿体涙にくれてゐました」『みちのとも』昭和6年9月20日号
高野友治「増井りん」『先人素描』道友社新書、昭和54年
松原梅造「増井りん先生伝記」『史料掛報』19号、昭和33年
増井あさ子「増井りん様・埋もれきつた道――先人の面影」『みちのだい』第20号、昭和35年
宇野晴義「増井リン先生・入信のお話」『史料掛報』162号、昭和45年

Umetani Tane

梅谷たね

いつも綺麗な心で、人様に喜んでいただくように

二代真柱様は「可愛《かわい》らしい茄《な》子《す》を見ると、おたねさんを思ひ出した。二十日鼠《ねずみ》を見ると、梅谷さんを想像した」（船場大教会史料集成部編『梅谷文書』）と、子供のころの印象を綴《つづ》られている

奥さんは融通無碍

今回は、梅谷《うめたに》たね（嘉永三〈一八五〇〉年～大正七〈一九一八〉年）という先人を取りあげます。たねの信心は、夫である梅谷四郎兵衛《しろべえ》（弘化四〈一八四七〉年～大正八〈一九一九〉年）の入信とともに始まります。

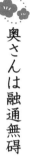

四郎兵衛は、相続をめぐるトラブルから、養嗣子《ようしし》として入った家と決別し、大阪・薩摩堀《さつまぼり》で左官業を営んでいました。その間に、長男と次男を幼くして亡くしていますが、実兄が失明するという事態に心を痛めていたおり、人づての話をとおしておぢばへ導かれます。明治十四（一八八一）年二月のことです。

おやしきにおいて、取次《とりつぎ》の先生から神様のお話を夜通し聞き、「大いなる神の世界における我《われ》のいかに小なるか」を悟って心の目がひらかれたと伝えています。その夜はおやしきで泊めてもらい、つぎの日も神様のお話を聞き、生まれかわった人間として大阪へ帰りました。

たねは、四郎兵衛から、おやしきで聞いた神様のお話を聞き、「夫婦揃《そろ》うて」信心する心を定めるのです。

四郎兵衛は、我《わ》が身我がことは言わずに、神様第一に徹しきって通った先人です。おやしきの先生の信頼はたいへん厚く、おやさまからじきじきに聞いたお話を数多くこんにちに伝えています。「ようこそついてきた」という労《ねぎら》いのお言葉とともに、本席様をとおして「息のさづけ」を戴《いただ》いた先人でもあります（「明治二十年五月十六日（陰暦四月二十四日）梅谷四郎兵衛おさづけ頂く」『おさしづ』改修版、巻一、55～56ページ）。

いっぽう、たねについては、夫妻の側《そば》でつとめていたかたが、

「奥さんは、いつも融通無碍《ゆうずうむげ》でした」

としるしています。「融通無碍」というのは、自由自在にものを見たり考えたりして、物事がうまくいくよう柔軟に対処するさまを表す言葉です。

言葉をかえると、心の器《うつわ》がたいへん大きかったということではないかとおもうのです。

四郎兵衛のお話に、

「神は水やで。人間の心は器やがな。器しだいで神はどのようにもなるもの」

とあります。人間は、神様のご守護がないというけれど、神様がご守護くださらないのではない。それを受ける人間の心の器しだい、心しだいで、神様はどのような守護も働きもされるというのです。

明治二十年六月には家業を廃し、それからは、この道一《ひと》筋《すじ》に通ります。後年、四郎兵衛は家族に、「梅谷家の財産はなにもない。ただ左官の仕事着と道具、それに質屋の通

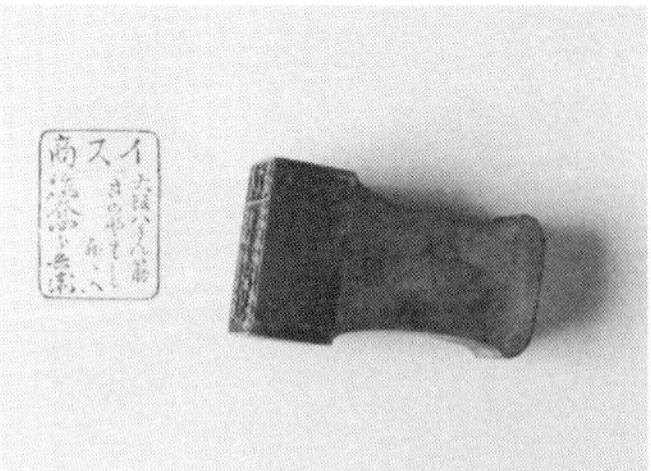

生計の足しにと、梅谷家では一時期、洋家具商を営んでいた。家具を配達するときは、当時10歳の嗣子・梅次郎《うめじろう》が車を引き、たねが幼児を背負って後押しをしたという。写真は椅子《いす》商の領収印

帳があるだけや、結構になれるな」と言いのこしたといわれていますが、それほど、たいへんな苦労の道中でした。

今の難儀は末の楽しみ

たねは、おやさまの、

「おたねさん、これからは食べるものも着るものも、我が身につけず、人様の身につけなされや」

という言葉を伝えています。

明治十五年に、赤んぼうであった長女を抱いておやしきに帰り、おやさまにお目通りしていますが、長女の頭には膿《うみ》をもったクサ（皮膚炎）が一面にできていました。おやさまは、みずからお抱きになり、「かわいそうに」と、少しずつ紙をちぎって唾《つば》で湿《しめ》して頭に貼《は》り、

「おたねさん、クサは、むさいものやなあ」

とおっしゃったというのです。たねは、ハッとして、

「むさくるしい心を使ってはいけない。いつも綺麗《きれい》な心で、人様に喜んで頂くように

させて頂こう」

と深く悟るところがあったといわれています（『稿本天理教教祖伝逸話篇』「一〇七　クサはむさいもの」184～186ページ）。

先の「食べるものも着るものも、我が身につけず、人様の身につけなされや」というおやさまのお言葉によって、「綺麗な心で、人様に喜んでいただく」という中身を具体的に読むことができます。

家業を廃してからの数年間、夫がおやしきの御用にあって留守がちななかを、生活のうえのお金の心配から子どもや講社の世話にいたるまで、心を配っています。そんなあとうとう布団まで質に入れなければ日を越せないということになります。

奈良と大阪を結ぶ暗峠《くらがりとうげ》の街道。明治14年、四郎兵衛が初めておやしきへ参詣するさいに、この坂道を上っておぢばを目指したと伝えられる

るとき、質屋の店先で布団を背負ったまま行ったり来たりしている夫をみかねて、わたしがと、その布団を背負い、ためらうことなくお金に換えたという話がのこされています。

このような苦労のただなかにあるたねにたいして、神様は、

「どのような道も皆々五十年の間の道を手本にしてくれねばならんで。今の難儀は末の楽しみやで」

と、心を定めて通るよう促されています（「明治二十年陰暦五月午前八時　梅谷たね歯痛の願」『おさしづ』改修版、巻一、66～67ページ）。

おやさまは、一れつの子どもが可愛《かわい》いというお心

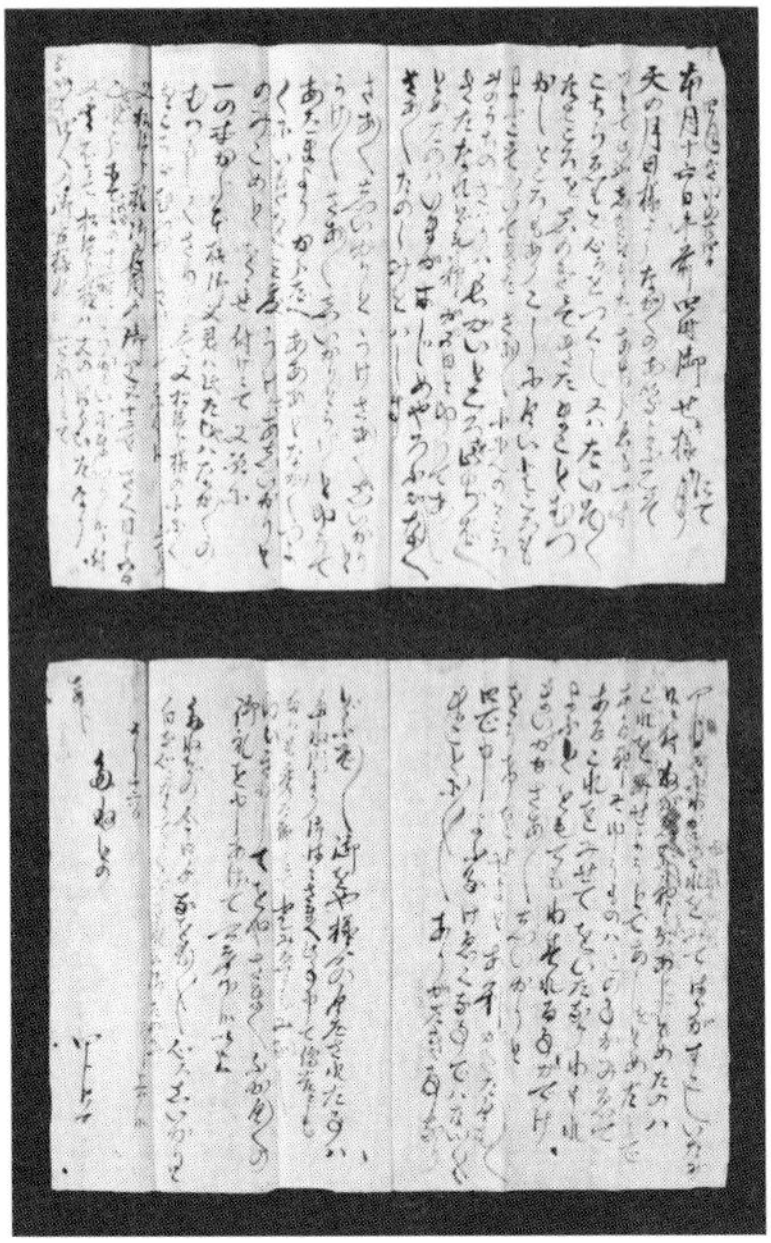

明治20年５月16日付の、四郎兵衞からたねへ宛《あ》てた書簡。この日、四郎兵衞は「息のさづけ」を拝戴《はいたい》し、そのたとえようもない感激と喜びを早速、筆にしたためた。結びには、４人の子どもの名前をすべて書き連ねたうえ、たねに、それぞれによく言い聞かせ、おやさまに深く深くお礼を申し上げるように、としるしている

から、五十年にわたって、山坂や茨畔《いばらぐろ》、崖道《がけみち》、火の中、水の中と譬《たと》えられる厳しい道を、一つひとつ通りぬけ、陽気ぐらしの「ひながた」をお示しくださいました。

このおやさまの大きなお心と、「今の難儀は末の楽しみ」というお言葉をたよりに、いそがしく不自由ななかを、先長くおもう心で力強く通りぬけました。

「たねは一枚上やで」

四郎兵衛は、明治二十年に「息のさづけ」を戴きますが、その喜びを伝えるたね宛《あて》の手紙がのこされています。

明治二十二年、たねも「おさづけの理」を戴きたいと申し出たところ、「まだ早い」と四郎兵衛は請け合いませんでした。けれども、その後、たねは歯痛で苦しみます。神様からのご意見ではないかと心を定めて願うと、すっきりと治まりました。そこで、おやしきへ帰り、本席様にお目にかかると、

「十のものなら四郎兵衛は八分や、たねは一枚上やで」

というお言葉があり、「おさづけの理」を戴くのです。

後年、たねのおかげで、この道に愛想つかさず通ってこられたと語る人は多かったといいます。四郎兵衛の厳しい仕込みに腹を立てて帰ろうとする人を待ちかまえて、

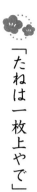

たねは、お茶などを入れて、「ああ言うておられるが」と、こと分けて納得のいくよう話し合ったといわれています。

たねの、大きな心の内をうかがうことができるお話の一つです。

参考文献

船場大教会史料集成部編『梅谷文書』船場大教会、昭和26年初版、昭和47年再版

道友社編『静かなる炎の人・梅谷四郎兵衞――先人の遺した教話（1）』道友社新書、昭和53年

山本順司『静かなる炎』船場大教会、昭和54年

梅谷はるゑ「梅谷たね」『みちのだい叢書』第1集、天理教婦人会、昭和25年

若林佐平「青年修養時代（思い出の記2）」『陽気』昭和27年8月号

梅谷はるゑ「梅谷たね様――先人の面影」『みちのだい』第14号、昭和33年

Yamazawa Hisa

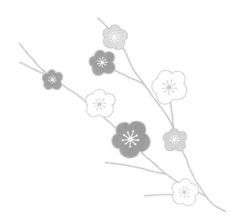

山澤ひさ

人を喜ばせ
満足さすという心

おやさまのお側《そば》にあって、その深い慈しみをうけたひさ。飾り気のない人柄で、親戚のお産と聞けば、いつも世話に出かけた。また、「切り口上、捨て言葉」を固く戒め、たとえ冗談であっても、やかましく止めたといわれる

「よう働かれたお方」

今回は、山澤《やまざわ》ひさ（文久三〈一八六三〉年〜昭和七〈一九三二〉年）という先人を取りあげます。

「私の信仰は、親の胎内に宿っている時から」と語る先人は、梶本《かじもと》家に嫁《とつ》がれた、おやさまの三女おはるの次女として生まれました。

ひさは、小さいころから母親に連れられて、しょっちゅう、おやしきへ帰っていたようです。おやしきは母親の実家でもあり、おやさまは、お祖母《ばあ》様にあたられます。おやさまは、子どもがたいへんお好きで、どの子も隔てなく可愛《かわい》がられたといわれています。

明治十三、四年、十七の歳《とし》のころから、おやしきに詰めきって、秀司《しゅうじ》先生の看護やそのほかの御用をつとめるようになりました。

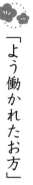

櫟本《いちのもと》町の上《かみ》街道沿いにあった生家の梶本家

白壁の建物がのこる上
街道の街並み。ひさも
幾度となくこの道をお
やさまのもとへ通った

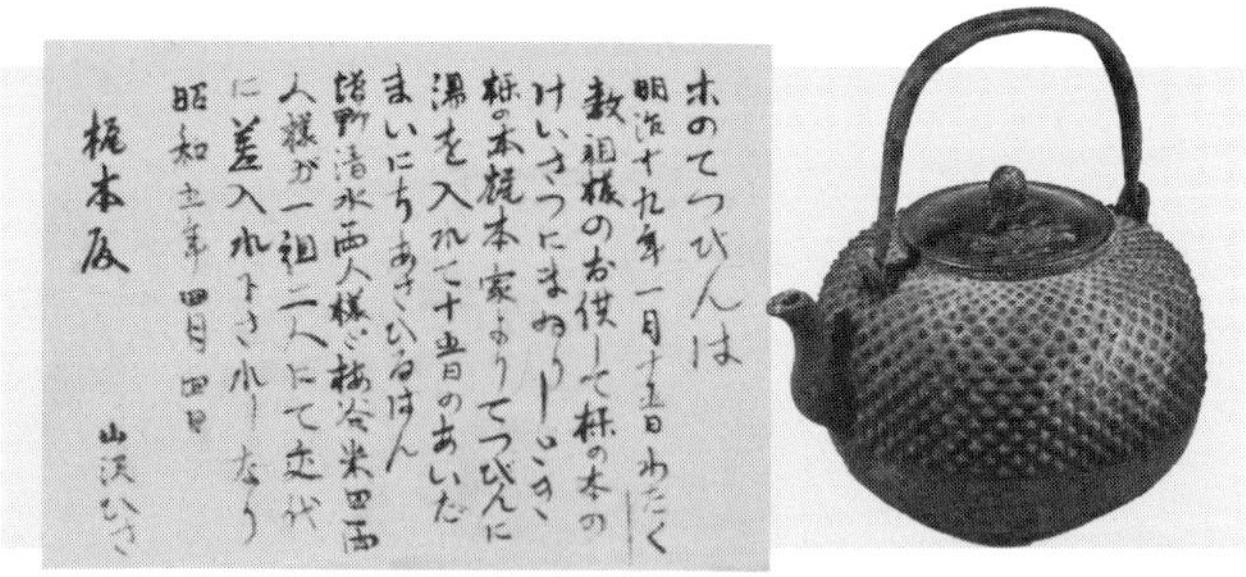

明治19年の最後の御苦労のさい、ひさはおやさまとともに櫟本分署に留め置かれた。写真の鉄瓶《てつびん》は、生家の梶本家からの差し入れに用いられたもの。ひさ直筆の添え書きには「まいにちあさひるばん増野清水両人様と梅谷米田両人様が一組二人にて交代に差入れ下されしなり」とある

同じころに、おやしきでおやさまのお守《も》り役をつとめた増井《ますい》りんは、後年、山澤かよに、

「あんたのお母さん（ひさ）は、それはそれは、よう働かれたお方だっせ」

と語ったといいます。この「よう働かれたお方」という言葉によって、ひさの信心とその人柄を、よく分からせてもらうことができます。

増井りんの覚書《おぼえがき》に、冬も寒《かん》のころに、おやしきの泉水《せんすい》を掃除したという出来事がしるされています。そのとき、止めるのにも

かかわらず、ひさは冷たい水の中に飛び込み、いっしょに泉水を綺麗《きれい》にして、秀司先生にお喜びいただいたとあるのです。

明治十四年に秀司先生が出直されたのちも、かわらずおやさまのお側《そば》でつとめました。明治十九年二月十八日から十二日間の「最後の御苦労」のさい、警察署で、「ひさは、昼はお側に、夜は枕許《まくらもと》に坐《すわ》って両手を拡《ひろ》げお顔の上を覆ったまま、昼夜通して仕えつづけたが、少しも疲れを覚えなかった」とは、『稿本天理教教祖伝』の「第九章　御苦労」にしるされるとおりです。

生涯、質素な身なりで

小さいころから、親しくおやさまに導かれたひさは、おやさまの「ひながたの一端《いったん》」として、「働き」ということについて語っています。

おやさまは、「朝起き・正直・働き」という、にちにちのつとめかたを示され、そ

して「働き」については、

「働くというのは、はたはたの者を楽にするから、はたらくと言うのや」とお聞かせくださっています（『稿本天理教教祖伝逸話篇』「一九七　働く手は」320ページ）。

わたしたちは、通常、自分やその家族のために働くと考えていますが、その常識をひっくりかえして、真実に生きるポイントを教えてくださるのです。

おやさまの「働き」ということについて、ひさが語っているところを、あげてみましょう。

＊

おやさまは、お年を召されてからもたいへん手先がご器用で、暇をみては機織《はたお》りをなさいました。「猫に小判」の模様入りの織物をおこしらえになったときなどは、ほとほと、その器用な手仕事に感じ入りました。

あるときは、暇ひまに、端布《はぎれ》を縫《ぬ》い合わせては、鶏《にわとり》や蝉《せみ》、虎《とら》などをお作りになりました。そのときは、じっさいに生きている鶏や蝉、絵の中の虎をごらんになるのでした。

このように、おやさまは、暇があると、かならず手を働かせて、ちょっとの間もゆっくりされることなくお過ごしになりました。

この「ひながた」について、おやさまは、けっしてご自分のためではなく、これらを人にさしあげて、喜ばすためであらせられたと思案いたします。おやさまの「働き」のうちには、つねに人を喜ばせ満足さすという慈愛のお心がこもっていました。

また夜に、おやさまから裁縫を教えていただきました。あるときは、三センチほどの小さい布を縫い合わせて袋を作り、そこへ、カンナ屑《くず》でこしらえた紐《ひも》をとおしてくださいました。

＊

おやさまは、そのような袋の中にお菓子を入れて、どの子にも分け隔てなくおあげになったのです。

こうして、つねにおやさまに間近に接したひさは、自分のためではなく、人に喜んでもらうために時間をつかうというおやさまの「ひながた」を、みずからも身におこなって通りました。

その精神は、生涯、質素な身なりで通りきったという態度においても、うかがうことができるとおもうのです。

どの子も「ええ子やなあ」

ひさは、明治二十年に山澤為造《ためぞう》と結婚します。為造の父・良治郎《りょうじろう》は、秀司先生が出直されたのち、中山家の後見人として、迫害干渉のきびしい時代に、その矢面に立って事に当たりました。

為造は、その父のあとを継ぎ、若いころから、この道一筋《ひとすじ》に通る心を定めました。

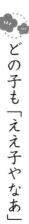

梶本家跡（現・天理教元鍛冶講）**にのこる古井戸の水は、最後の御苦労のさい、差し入れにも使われたと伝わる**

そして、初代真柱様が出直され、二代真柱様が成人に達せられるまで、その職務摂行者《せっこうしゃ》として重責をになうのです。

ひさは、初代真柱様の実姉にあたります。結婚後も裏へまわり表へ出て、おやしきのうえに働きました。七人の子どもさんがありますが、みな、それぞれ成人し、道のうえに大きな働きをなされています。

子育ての最中、為造の身上をきっかけに「おさしづ」をうかがわれたさい、神様は、

「子の夜泣《よな》き昼も泣く。いかなるもたんのう〳〵」

と、子の夜泣きで困っている夫妻にたいして、「たんのう」の心を治め、「よう帰って来た〳〵」といって、

我《わ》が子も道の子も迎えてくれるよう。そして、いまの難儀を嘆《なげ》くのでなく、「先々《さきさき》の処《ところ》楽しみの理」と、将来の楽しみをみつめて、たすけあって通ってほしいとさとされています（「明治二十四年四月二十日　山澤為造声がかすりて身上障りに付事情願」『おさしづ』改修版、巻二、1029〜1030ページ）。

ひさは、つぎつぎと子どもを与えられましたが、つねに大らかな気持ちで、どの子もきつく叱《しか》ることなく、「ええ子やなあ」と言いながら育てたといいます。

晩年は、教祖殿の奉仕をつとめとして、みなの留守を引き受け、盆も正月も休みなく通いました。

苦労話は、自分からは話さず、人からたずねられても、いとも軽く答えたということです。

一生をおやさまにささげ、おやさまの示された「働き」という「ひながた」を、地道に身におこなって通った生涯でした。

参考文献

山澤ひさ「思出の一端」『天理教婦人会の栞（第19回総会号）』天理教婦人会本部、昭和6年
山澤ひさ「雛型の一端」『みちのだい（婦人会報）』第4号、昭和6年
高野友治「山沢良治郎・為造」『先人素描』道友社新書、昭和54年
道友社編『誠真実《まこと》の道・増井りん——先人の遺した教話（5）』道友社新書、昭和61年
山澤かよ「山澤ひさ」『みちのだい叢書』第1集、天理教婦人会、昭和25年
山澤治「おやさまに捧げた一生・山沢ひさ様——先人のおもかげ」『みちのだい』第6号、昭和31年

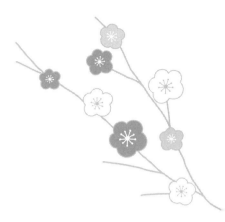

Yamada Koiso

山田こいそ

目に見えん徳
いただきとうございます

「南半国道弘《ひろ》め」とのお言葉を生涯の指針として、夫・伊八郎とともに敷島《しきしま》の礎《いしずえ》を築いたこいそ。「教祖の御苦労を忘れたらあかんねで」と、口癖のように語り、みなを励まして通ったという

おやさまの「ひながた」というのは、神様のお言葉に、つぎのようにあります。

「難しい事は言わん。難しい事をせいとも、紋型《もんかた》無き事をせいと言わん。皆一つくのひながたの道がある」

この「おさしづ」（「明治二十二年十一月七日午後十時四十分　刻限御話」『おさしづ』改修版、巻一、559ページ）は、『稿本天理教教祖伝』の「第八章　親心」をしめくくるお言葉です。ひながたは、「通らなければならない」というよりも、わたしたちが「通りやすいように」と心を配り、じっさいに通って示してくださった「親心」そのままのひながたであるといわれるのです。

この「明るく暖かく涯知《はてし》らぬたすけ一条の親心」（『稿本天理教教祖伝』231ページ）に触れた道の先人は、どのようななかも、強い信念をもって歩まれました。

形のある物は

山田《やまだ》こいそ（嘉永四〈一八五二〉年～昭和三〈一九二八〉年、旧姓・山中《やまなか》、のちにいゑと改名）の信心は、文久四（一八六四）年に、母そのが命のないところをたすけられたことに始まります。父は山中忠七《ちゅうしち》。こいそは十四歳でした。

大豆越《まめこし》村（現在の桜井市大豆越）の山中家は、子守唄《こもりうた》にも歌われた裕福な家です。忠七は毎日おやしきへ、お米を一升ずつ袋に入れて運ばれました。おやさまとともに、どん底の道中にあったこかん様は、お喜びになったということです。

こいそは、五男四女の次女として生まれましたが、姉妹は夭折《ようせつ》し、一人娘として大事に育てられました。二十二歳で従兄《いとこ》と結婚しますが、二人の子どもをのこして離縁されるのです。婚家も裕福な家でした。けれども結婚生活は、しあわせなものではありませんでした。

桜井市倉橋地域。こいそは明治14年に山田家の人となってのち、伊八郎とともに近隣に教えを伝えて回った。同年の暮れに、倉橋村出屋鋪の親戚など８戸をもって講社を結成し、おやさまから「心勇組《しんゆうぐみ》」の講名をいただいた

明治14年に赤衣《あかき》とともにいただいた、おやさまお口づけの盃《さかずき》

明治十一年、二十八歳の正月から十三年の暮れまで丸三年を、おやさまのお膝元《ひざもと》で過ごします。御髪《おぐし》をあげたり、お着物を縫《ぬ》ったりと、身のまわりの御用をつとめ、おやさまは「こいそはん」と呼んでくださいました。

おやさまのお住まい、お召しもの、お食事は、たいへん質素なものでした。

おやさまは、あるとき、

「目に見える徳ほしいか、目に見えん徳ほしいか。どちらやな」

と、おたずねになりました。こいそは、

「形のある物は、失《うしの》うたり盗《と》られたりしますので、目に見えん徳頂《いただ》きとうございます」

と答えています（『稿本天理教教祖伝逸話篇』「六三　目に見えん徳」111〜112ページ）。

しあわせは、家柄や財産といった形あるものよりも、目に見えない徳をいただくところにある。世界一れつをたすけるため、貧に落ちきってお通りくださる親心を、身にしみて感じておられたとおもうのです。

「こいそはん、神様がカボチャの御守護くださったからカボチャの御飯炊《た》いてや」とおっしゃるおやさまのご飯は、カボチャばかりで米粒は数えるほどしかなかったという話が伝えられています。

ここが、親里やで

おやさまのお膝元で、いつまでもお仕《つか》えさせていただきたいと決心していたなかに、三年に三度、山田伊八郎《いはちろう》から人を入れて、こいそを嫁に、というお願いがありました。

三度目におうかがいすると、おやさまは、

「嫁入りさすのやない。南は、とんと道がついてないで、南半国道弘《ひろ》めに出す」

というお言葉をもって、お許しになるのです（『稿本天理教教祖伝逸話篇』「八四　南半国」141～143ページ）。

明治十四年、そのお言葉をいただいて、こいそは、倉橋《くらはし》村出屋鋪《でやしき》（現在の桜井市大《おお》

明治12年正月に、おやさまから拝戴《はいたい》した十二菊の御紋

字《あざ》倉橋）の山田伊八郎と結婚します。それを機に、伊八郎は生涯の信心を心に定め、夫婦でおたすけにはげみました。

明治十五年、おやさまは、出産のちかいこいそに、「今度はためしやから」と、をびやの試《ため》しをなさいました。そして「ここがほんとの親里やで」と、お産の後は、里の両親のもとへは寄らず、おやさまのもとへすぐに帰ってくるようにといわれました。

こいそは、家の人がいない間に産気づき、じぶんの前掛けを畳の上に敷いて、かるがると女の子を安産します。そして、家人の帰宅までに、じぶんで子どもにお湯をつかわしました。この不思議なご守護に、家人も隣人も、みながびっくりしたということです。

そして、お産から三日目には、雨上がりの道を高下駄を履いて、赤児《あかご》は伊八郎が抱き、倉橋村から十四キロを歩いておやしきへ帰りました。

「もう、こいそはん来る時分《じぶん》やなあ」

とお待ちくだされていたおやさまは、たいへん喜ばれ、赤児をお抱きになり、いくゑと名づけてくださるのです（『稿本天理教教祖伝逸話篇』「一〇一　道寄りせずに」172～174ページ）。

当時、お産は穢《けが》れであり、さまざまな禁忌《きんき》（タブー）がありました。そのなかにあって、常識よりも、親なる神様のお言葉を信じきって通ったのです。

人をわるく言わんよう

伊八郎は、身上や事情に出合うたび、おやさまから親しくお話を聞かせていただき、その場で書きとりました。それは、おやさまがこいそにお聞かせくださったお話でもあります。

その克明な記録は、いま、『根のある花・山田伊八郎――先人の遺《のこ》した教話（三）』（道友社新書）によって読ませていただくことができます。

そこでは、親神様が元のやしきにおいて人間と世界を創《はじ》められた、元初《もとはじ》まりのお話ばかり語られています。そして、心を澄まして、きれいな心になるということを強くさとされています。

明治十七年四月九日（旧三月十四日）の項を取りあげます。こいその右足が痛むので伊八郎がおやしきへ帰ると、おやさまはすぐにお話を聞かせてくださいました。お

話には、

人を腹立《はらだち》ささず。人を腹立《はらだて》させば、人また我《われ》を腹立さし。

人をうらみな。人をうらみたら、人また我を、うらみたり。

人に《より》物を買うときは、代価《だいか》をねぎりな。

また人に物を売るときには、かけね、ゆ《言》いな。

人に、そん《損》をかけたら、人また我に、そんをかけるべし。

人の事（筆者注・わるぐち）を、ゆわんようにせよ。

とあります。そして当時、警察の干渉がきびしいので、おやさまを留置する役人の足が立たぬように、おやしきの門の内へも入れぬようにされたらよいのにと申したところ、その後、足痛になる。これを思案せよ、と添え書きがあります。

一れつ人間は、みな神の子、お互いは兄弟《きょうだい》姉妹である。これをよく思案して、人をわるく言わんよう、といわれるのです。

おやさまの「先になると、このやしきで暮らすようになるのやで」というお言葉どおり、明治四十四年からは、伊八郎の本部員登用にともない、懐かしいおやしきで懸命につとめました。

「教祖から南半国の理を授けられたのやから、わしは七度生《うま》れかわっても、この理を生かして見せる。でないと教祖に申しわけない。尊い理をいただいたとは言えん。三人前の働きではまだ足らん、十人前の働きするのや」

と語り、「おふでさき」を老眼鏡をかけて読むのが常であったといわれます。

どのようななかも、おやさまのお心を求め、心を澄まして通りきった姿勢をうかがうことができます。

参考文献

道友社編『根のある花・山田伊八郎――先人の遺した教話（3）』道友社新書、昭和57年
高野友治「山田伊八郎」『先人素描』道友社新書、昭和54年
山田光栄「山田いゑ」『みちのだい叢書』第2集、天理教婦人会、昭和26年
山田おあや「七度生れかわっても・山田いゑ様――先人の面影」『みちのだい』第15号、昭和34年

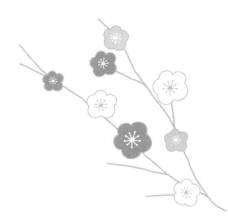

Tsuji Tomegiku

辻とめぎく

やっぱり、おつとめに出させていただいてよかった

幼少からおやさまの膝元《ひざもと》で親しく教えをうけたとめぎく。小柄で、気性のしっかりした、弁の立つ人だったという。晩年は、事情に迫られるたび、神様をお祀《まつ》りした部屋で、ひとり静かに「おふでさき」を拝読していたと伝えられる

親神様はおやさまをとおして、人間の心を澄まし、陽気ぐらしへ導く道として、慶応二（一八六六）年から明治十五（一八八二）年にかけて「たすけづとめ」を教えられました。

このおつとめの醍醐味《だいごみ》を、おやさまのお側《そば》で、幼いころからおつとめの鳴物を教えていただかれた先人の姿に求めたいとおもいます。

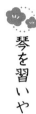

琴を習いや

辻《つじ》とめぎく〈明治三〈一八七〇〉年～明治四十三〈一九一〇〉年〉という先人は、辻忠作《ちゅうさく》の三女として、大和国山辺郡《やまとのくにやまべ》豊田村《とよだ》（現在の天理市豊田町）に誕生しました。おやさまは、生まれる前から、こんど生まれたら名は「とめぎく」やで、とおっしゃったそうです。

父の忠作は、文久三（一八六三）年から信心を始めた生え抜《はぬ》きの道の先人です。正直者で、豊田村からおやさまのもとへ、いつも通いました。

とめぎくは八歳（明治十年）のときから毎日、おやさまのもとへ寄せてもらって、裁縫を習い、のちには、おつとめの鳴物の琴を教えていただきました。

ときどき通わずにいると、かならず身体《からだ》のぐあいがわるくなり、おやしきへうかがうと、きまってご守護をいただくのでした。

その明治十年、忠作は右肘《ひじ》がたいへん痛むのでおやさまにおうかがいすると、おやさまは、

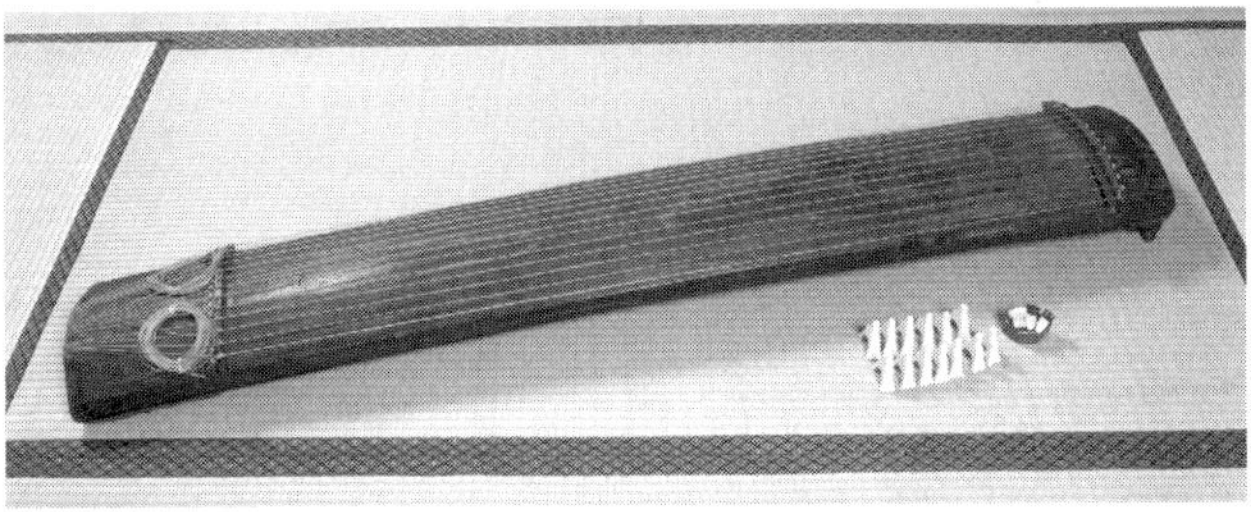

忠作が、とめぎくのために買い求めた琴。長さは五尺五寸（約165センチ）。明治12年、とめぎくは飯降よしゑ、上田ナライトとともに、おやさまから赤い着物を着ることをお許しいただいた。とめぎくがおつとめに用いた着物は、赤い地色に白い花模様のある、メリンス生地の袖《そで》なしだったと伝えられる

「琴を習いや」

とおっしゃったので、とめぎくに、郡山《こおりやま》で稽古《けいこ》琴を買い求めました。

こうして、とめぎく（八歳）は琴、飯降《いぶり》よしゑ（十二歳）は三味線、上田《うえだ》ナライト（十五歳）は胡弓《こきゅう》と、おつとめの人衆として、それぞれに手をとって、おやさまから鳴物を教えていただきました。

『稿本天理教教祖伝』に、「とめぎく」の名は五回みられます。それらはおやさまが、おつとめを整えられる段取りと、ぴったりかさなっています。

明治八年六月二十九日（陰暦五月二十六日）、「かんろだい」の「ぢば」が初めて明かされました。その「ぢば定め」において、六歳のとめぎくは、掃き清められた庭を、目隠しをした母ますに背負われて歩きました。

ますは、初めのときは立ちどまりませんでしたが、子どものとめぎくを背負って歩くと、みなとおなじ場所で足が地面に吸いついて動かなくなりました。

明治十年、おやさまから、おつとめの鳴物の琴を教えていただき、五年後の明治十五年十月の毎日のおつとめでは、琴をつとめています。そして明治十六年八月の雨乞《あまごい》づとめにも、赤い着物で出ています。

明治二十年正月二十六日のおつとめにも鳴物をつとめたと、増野《ますの》日記にあります。翌日に撮影された集合写真の前列中央には、当時十八歳のとめぎくの姿があるのです。

にちにちの、ひのきしん

明治十三年秋のころ、初めて三曲をふくむ鳴物をそろえての「よふきづとめ」がおこなわれ、とめぎくは三曲の琴をつとめています。このとき、おやさまは、

「人間の義理を病んで神の道を潰《つぶ》すは、道であろうまい。人間の理を立てていでも、神の理を立てるは道であろう」

と、警察の干渉がはげしく、ためらう人びとにたいして、「心の調子」を合わせてお

つとめをすることを急がれました（『稿本天理教教祖伝逸話篇』「七四　神の理を立てる」129～131ページ）。

おつとめをとおして、元初《もとはじ》まりの真実と親神様のご守護が教えられます。

父の忠作は、おつとめの地歌と手ぶりを、おやさまから最初に教えていただいた先人のひとりです。おやさま直伝《じきでん》の神様の話をたくさん伝承していますが、その話は、諸《もろ》井《い》政一《まさいち》『正《せい》文《ぶん》遺《い》韻《いん》』（山名大教会）によって読むことができます。

そのなかに、おつとめの地歌である「みかぐらうた」の、十一下り目四ッ「よくをわすれてひのきしん　これがだいゝちこえとなる」についての解説があります。

「一日神様へと、つとめるだけがひのきしんやない」といわれて、

よく《欲》をはなれ《離》たならば、ひまをし《暇惜》いと思ふ《う》心をもたず、人の事でもすけて（手だすけして）やり、すたる《廃》ものは、わがもの、人のものといふ事なく、一寸《ちょっと》すたら《廃》ぬやうにし、道に石でも出てあれば、人のけつまづかぬ様《よう》、片脇へ寄せておく。

実家の辻家がある豊田町の風景。
秋の風物詩「稲架《はさ》掛け」が往時の
雰囲気を今に伝えている

おやさまが現身《うつしみ》をおかくしになった翌日に撮影された写真の一部。中央に写っているのが当時18歳のとめぎく。このころから、結婚して分家を立てるまで、初代真柱様のお宅で毎日つとめていた

総《すべ》て万事《ばんじ》に身をしみ《惜》をせず、ひまをしい《暇惜》といふよく《欲》の心を捨てゝ、気を付けるのが、是《これ》がにち〳〵、少々づゝのひのきしん。

とあるのです。

教えを聞き分け欲の心をすてる。身惜しみや、時間を惜しむ心をもたず、人のことを我《わ》がこととしてすべてに心配りをする。こうして、にちにち、少しずつ、つとめさせていただくのが「ひのきしん」といわれるのです。

我がもの、人のもの、と言っているあいだは、真に教えを聞き分けたことにはならないと、毎日の暮らしにおいて、心を澄まして生きる信心の急所が具体的に説かれています。

おつとめの特徴は、声にだして「みかぐらうた」を歌うところにあります。

神様のご守護と、ひのきしんという信心の妙味を、みなといっしょに、しみじみと味わいつつ感じとることができるようにという配慮がみられます。

その喜んだ顔を

とめぎくは十三歳（明治十五年）から出直すまでの二十八年間、ずっと、おつとめをつとめて通りました。おやさまからも、父の忠作からも大切にされて、恵まれた娘時代をおくりました。

やがて分家を立ててもらい結婚生活に入りますが、わずか六年で夫を亡くし、そのうえ、頼りであった父親を亡くします。

一時は途方にくれながらも、おやしきのつとめをいただき、食べることもままならないどん底生活のなか、幼い息子と娘を育てました。

明治四十三年、可愛《かわい》がっていた娘を亡くし、その看病疲れから、みずからも風邪をこじらせ、息子をひとりのこして二十日の患いで出直します。息子の豊彦《とよひこ》は、のちに本部員となり道の重責をになないますが、当時はまだ十四歳でした。

前半生とくらべると「気の毒な晩年であった」というようにもいわれます。けれども、どんな難儀ななかでも、子どもにはつらい顔をみせずに明るく慈悲深い母であった、と伝えられているのです。

お出直しの十七日前の九月二十六日、風邪で寝ているところ、息子は、おつとめに出させてもらうことを母にすすめました。つとめをおえて帰ってきた母は、いかにもうれしそうに、

「やっぱり、おつとめに出させていただいてよかった」

と言ったそうです。

そして、「その時の喜んだ顔を、今でもはっきりと覚えている」と、息子は、のちのちまで語り伝えています。

おつとめをつとめ、にちにち、心明るくひのきしんの態度で通った姿がうかぶのです。

参考文献

中山正善『ひとことはなし　その二』道友社、昭和11年
諸井政一『改訂正文遺韻』山名大教会、昭和28年初版、平成26年復刻
辻芳子「辻留菊」『みちのだい叢書』第3集、天理教婦人会、昭和26年
辻芳子「辻とめぎく様――先人のおもかげ」『みちのだい』第49号、昭和46年

Nakayama Tamae

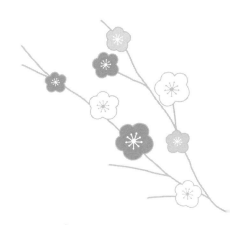

中山たまへ

この道は、おやさま おひとりからできた道や

ご結婚当時のたまへ様。明治23年12月7日（陰暦10月26日）、立教を記念する秋の大祭の当夜、教内の誰もが待ち望んだ、初代真柱様とのご結婚の儀が執り行われた

おやさまに導かれた女性というとき、第一にあげられる、この先人の言葉や態度は、困難を通りぬけ越えてゆくエネルギーにあふれています。

令和二年、天理教婦人会創立百十年を記念して『初代会長様のお心を温《たず》ねて』（天理教婦人会）が出版されました。その「序」には、つねに「神一条」に、「強い信念」をもってお通りくださった中山《なかやま》たまへ初代会長様の精神は、どのように時代が移りかわっても受け継がせていただくもの、としるされています（中山はるえ「序」3ページ）。

その精神を『初代会長様のお心を温ねて』に求めてみましょう。

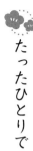

たったひとりで

中山たまへ様（明治十〈一八七七〉年～昭和十三〈一九三八〉年）（筆者注・『初代会長様のお心を温ねて』の「略年譜」は陽暦によっている。ご誕生の明治十年二月五日は、陰暦明治九年十二月二十三日にあたる）は、おやさまの嫡孫として、中山秀司《しゅうじ》・まつゑ夫妻のあ

いだに生まれました。生前から、

なわたまへはやくみたいとをもうなら
月日をしへるてゐをしいかり
（第七号　72）

と「おふでさき」にしるされ、おやしきに誕生します。

祖母である、おやさまからは「たまさん」と呼ばれ、おやさまを「おばあ様」とお呼びして成長されました。

おやさまと過ごされた明治二十（一八八七）年二月十八日（陰暦正月二十六日）までの十年間は、官憲によるきびしい迫害干渉の時代です。

明治十九年、おやさまは八十九歳で警察署へ御苦労くださいました。人間の心からしますと、けっして「愉快なもの」ではありませんし、「避けたいのは人情」であると、二代真柱様は『ひとことはなし　その二』にしるされています。

しかし、

「此処《このところ》、とめに来るのは、埋《おぼ》りた宝を掘りに来るのや」

「ふしから芽が吹く」

とおっしゃって、いそいそと警察署へ赴《おもむ》かれました（『稿本天理教教祖伝』290～291ページ）。

警察署では、夜が明けても机の上に灯《とも》っているランプの火を、フッと吹き消されました。「婆《ばあ》さん、何する」という巡査にむかって、にこにこされて、

「お日様がお上《あが》りになって居《い》ますに、灯《ひ》がついてあります。勿体《もったい》ないから消しました」

とおっしゃいました（同右、286ページ）。

おやさまは、ものをむだに消費することが親神様の思召《おぼしめし》、天理に沿わないことを身をもって示し、自他の区別、陰日向《かげひなた》の別なく、警察であろうが、お家《うち》であろうが、いっさい変わりなく日課をはたされました。そのひながたを踏ませていただくことが大切であると、二代真柱様はしるされています。

この明治十九年の出来事について、

「両親の無いわし（筆者注・たまへ様）は、頼りのおばあ様が引かれて行きなさるお姿を、たったひとりで、柱の陰からじっと見送っていた」

と述懐されています。

父とは、明治十四年、数え年で五歳のときに別れ、その翌年には母とも別れ、十一歳のときには、頼りの「おばあ様」とも、お別れになります。

けれども、御苦労のたびごとに、おやさまを慕う人は増え、そのお言葉のとおり、道は世界にひろがるのです。

すたるものを活かして

明治二十三年、数え年で十四歳のとき、中山眞之亮《しんのすけ》・初代真柱様と結婚されます。

そののちも、道は政府からの弾圧をうけ、たいへんな苦心のすえに、明治四十一年、神道本局から一派として独立します。その道中は、こまやかに心を配り、初代真柱様を支えられました。

明治四十三年には念願であった天理教婦人会が創立され、その初代会長をつとめられます。

その四年後の大正三年、三十八歳のとき、夫である初代真柱様が出直されます。長男（正善《しょうぜん》・二代真柱様）は十歳でした。

二代真柱様の「御母堂様」、そして「道の母」と敬慕されつつ、道の子どもを力づよく導かれましたが、その信念をうかがうことができるエピソードを、つぎにあげてみましょう。

真柱宅につとめているかたが、新しいお召しものをおすすめすると、

「新しい物で新しく使《つこ》うてゆくのは、あたりまえやが、すたる物を活《い》かして使うという事は一寸《ちょっと》むつかしい。このむつかしい人のやりにくい事をしてこそ、神様はお喜び下さる」

お子様方と。左からたまへ様（34歳）、**正善様**（６歳）、**玉千代様**（９歳）〈明治43年12月23日撮影、年齢はいずれも数え年〉

「人も悪人を導いて善人にするのが、この道の精神である」

と、にちにちに、そこをよく考えて通るように、とおっしゃいました。

そのにちにちは、「洗いざらした浴衣《ゆかた》や、ツギのあたった足袋《たび》など」を身につけ、日常の身なりの質素なことは、驚くばかりでした。

おやさまのことをおもえば、

「これで充分や。親様《おやさま》は八十、九十という御老体でありながら、冬の最中に日々のお召物《めしもの》さえ満足なものは召されなかった。そのお徳を頂いて、『これを着よ、あれを食べよ』と何一つの不自由もなく、ほんとに勿体ないことや」

とおっしゃいました。


現代とは、時代も暮らしかたも違う、といわれるかもしれません。けれども、好んで質素な身なりをするという精神を、人やものを生かして通られた、おやさまのひながたに求めることができます。

そして、じぶんのものとおもって暮らしている土地や家、財産などは、神様からお借りしているもの、すなわち神様の領分にあるといわれ、

「人はなあ、よく気を付けてないと、姿かたちに捕《とら》われ易《やす》いものや、いくら良い着物をきてお化粧したかて、値打ちの上がるものやない」

「うわべ飾るより心磨かして頂いて、教祖のおひながたを忘れんように」

と、体裁《ていさい》や形よりも心を磨くよう人にさとし、みずから身におこなって通られました。

きっと切り抜けられる

さらには、道の女性を育てたいという一貫した思いをお持ちでした。

教会長である夫を亡くした婦人が挨拶《あいさつ》にうかがったときのことです。遺《のこ》された七人の子どものことなど、いろいろと慰《なぐさ》めてくださり、「教会の責任はどうするのや」とたずねられました。

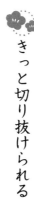

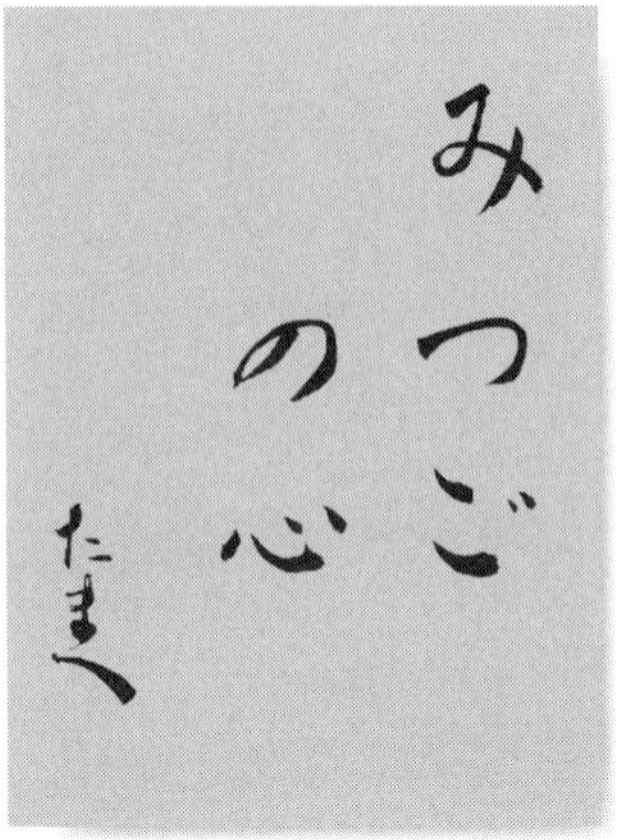

昭和13年正月の書き初《ぞ》めに筆を執られたもの。この年の７月10日、御年62歳でお出直しになった

子どもがたくさんですし、「とても私にはつとまりません」と答えたところ、姿勢を正されて、

「そんな弱い事でどうするのや、この道の御《ご》教祖様《きょうそさま》は御婦人であらせられたのやで、そんな事言うていて道の女と言えるか、御教祖様のひながたいつ通らせて頂くのや」

と、きびしく温かく導かれました。

また、道の者が世界におくれていては、どうもならんといわれ、

「女松《めまつ》男松《おまつ》のへだてはない、と神さまが仰《おお》せ下されたからには、女やからといっていつ迄《まで》

も男にぶら下《さが》っているようではならん。良人《おっと》の光によって光っているようでは良人がいなくなれば光らんやろう、自分で光を出さねばならん」

と、婦人会の役員方へ、たびたび話してくださったということです。

「御教祖様の御苦労を忘れたらいかん。どんな辛《つら》い時でも、それを思うたらきっと切り抜けられる」

と、その心の置きどころを示し、

「教祖の真の御苦労は、貧乏や不自由にあるのではない」

と、おやさまひながたの要《かなめ》をさとされました。

おやさまは、周囲の無理解のなか、

「分からん子供が分からんのやない。親の教《おしえ》が届かんのや」

と、相手を責めることなく、分かるまで、くりかえし何度も話を聞かせてくださいました。そのおかげで、分からん人も分かるようにしていただいて、この道はつけかけられたのです（『稿本天理教教祖伝逸話篇』「一九六　子供の成人」318ページ）。

お心を我が心として

こうした『初代会長様のお心を温ねて』にみる、その神一条の信念は、

「このみちは、おや様一人から出来《でき》たみちや」

という言葉にあらわれています。おやさまのおっしゃるとおりにすれば、なにも間違いはない、という自信にあふれた言葉です。その信念は、

「何事をさして頂くにつけても、精神のもってゆきどころは御教祖《ごきょうそ》、おや様や」

「御教祖様を離れて何《なん》にも出来ないのや」

という言葉にもあふれています。

世界一れつをたすけたいという、おやさまのお心を我《わ》が心として、一筋《ひとすじ》に、あたらしい時代を切りひらかれた生涯でした。

参考文献

『初代会長様のお心を温ねて』天理教婦人会、令和２年
中山正善『ひとことはなし　その二』道友社、昭和11年

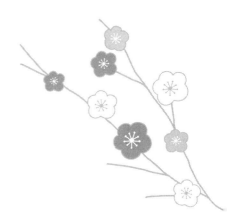

Nagao Yoshie

永尾よしゑ

おやさまは、葉っぱ一枚も粗末にしてくれるなといわはったで

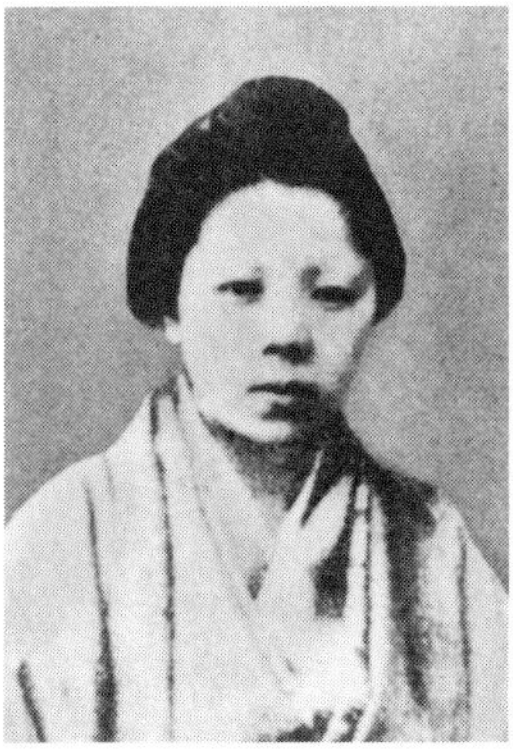

その日の食にも事欠くなか、おやしきにおいてかいがいしくつとめる両親の姿は、幼いよしゑの心に〝神様第一〟の信念を自然と植えつけていった

親子もろとも伏せ込んだ

みずからの生きかたが問われるいま、その基本を、おやさまのお側《そば》で暮らしをともにされた先人の姿に求めたいとおもいます。

永尾《ながお》よしゑ（慶応二〈一八六六〉年〜昭和十一〈一九三六〉年）という先人は、飯降《いぶり》伊蔵《いぞう》・さと夫妻の長女として、大和国添上郡《やまとのくにそえかみ》櫟本村《いちのもと》高品《たかしな》（現在の天理市櫟本町）に誕生します。

伊蔵夫妻が信心を始めて三年目にあたります。おやさまは、「親子もろとも伏せ込んだ」とおっしゃって、「よき事はよしよしというのやから、よしゑやで」と命名くださいました。

父の伊蔵（天保四〈一八三三〉年〜明治四十〈一九〇七〉年）は、元治元（一八六四）年、妻の産後のわずらいをたすけていただき、この道に引き寄せられます。人が「ふ

櫟本町を南北に通じる上《かみ》街道。幼いころのよしゑは、親に連れられておやしきへ帰り、おやさまに優しくお話を聞かせていただくことを何よりの楽しみにしていたという

し」に出合って離れていくなか、ひとりかわらずおやしきへ通い、貧のどん底の道中にあるおやさまと、そのご家族を支えました。

のちには、神様によって本席と定められ、おやさまに代わって「さづけ」の理をわたし、時旬におうじる神様の刻限の指図や、身上・事情という人びとのうかがいにたいして神様のお言葉を取り次がれることになります。それは、現在『おさしづ』（改修版、全七巻）として読むことが

城法《しきのり》大教会から西を望む。飯降一家が暮らしていた櫟本町は写真中央あたり

できます。

こうした両親のもとで、そして、おやさまにじきじきに導かれて育ったよしゑは、勝気《かちき》で気丈夫であったといわれています。父は、おやしきへ、櫟本から約四キロの道を毎日、日に何回となく通い、母も通いますから、七歳のころから、弟や妹の世話をしながらご飯炊《た》きを覚えました。

明治十年、十二歳のとき、指先がたいへん痛むのでおうかがいしたところ、おやさまは「三味線を持て」

といわれ、手に手をとって、

「よっしゃんえ、三味線の糸、三、二と弾いてみ。一ッ《ひとー》と鳴るやろが。そうして、稽《けい》古《こ》するのや」

と、親しく三年間にわたって、おつとめの三味線を教えていただきました（『稿本天理教教祖伝逸話篇』「五三　この屋敷から」「五四　心で弾け」93～95ページ）。

明治十三年九月三十日（陰暦八月二十六日）、三曲を含む鳴物をそろえての初めてのおつとめに三味線をつとめ、それからは毎月、つとめ人衆としてつとめています。

持ち味を生かしきる

明治十五年陰暦二月八日（陽暦三月二十六日）、おやさまのお言葉のままに、櫟本の家を引き払い、一家そろっておやしきに伏せ込むことになります。

おやさまは、

「これから、一つの世帯《しょたい》、一つの家内」

とおっしゃいました（『稿本天理教教祖伝逸話篇』「九八　万劫末代《まんごう》」165ページ）。子ども三人を含む五人家族が、おやしきで生活をともにするのです。そのうえ、おやさまにたいする迫害弾圧は容赦なく、きびしくなっていきます。

「ようまああんな中を通りぬけたもんやと、つくぐ〳〵思うで」

という晩年の言葉が、その容易ではなかった道中を物語っています。そのなかを、おやさまを唯一の頼りとして通りました。

おやさまは、よしゑに、人をたすける基本を日常の暮らしのなかで具体的にさとされています。

「よっしゃんえ、女はな、一に愛想《あいそう》と言うてな、何事にも、はいと言うて、明るい返事をするのが、第一やで」

あるときは、

「人間の反故《ほうぐ》を、作らんようにしておくれ」

「菜の葉一枚でも、粗末《そまつ》にせぬように」

「すたりもの身につくで。いやしいのと違う」

と、ことわけて教えてくださいました（『稿本天理教教祖伝逸話篇』「一一二　一に愛想」192〜193ページ）。

にちにちの暮らしにおいて、人の持ち味、衣食住という物の持ち味を生かしきることが大切であるといわれるのです。

そして、

「朝起き、正直、働き。朝、起こされるのと、人を起こすのとでは、大きく徳、不徳に分かれるで」

「蔭《かげ》でよく働き、人を褒《ほ》めるは正直。聞いて行わないのは、その身が嘘《うそ》になるで」

「もう少し、もう少しと、働いた上に働くのは、欲ではなく、真実の働きやで」

と、「朝起き、正直、働き」という、神様のご守護の世界において誠真実の心で人をたすけるポイントをお聞かせくださっています（『稿本天理教教祖伝逸話篇』「一一一　朝、起こされるのと」192ページ）。

よしゑは、つねに、「うそとついしょう大嫌い」と人に語り、陰日向《かげひなた》なく裏表なく、人や物を大事にして通りました。そして「おやさんは、こうおっしゃった」「おやさんは、こうしやはった」と、おやさまの話を伝えています。

こうした、よしゑが語るおやさまの話は、わたしはこのように聞かせてもらいました、というようにして伝承され、『稿本天理教教祖伝逸話篇』にまとめられているのです。

じっさいに、その暮らしは質素で、孫に形見としてあたえられた綿入れの袖《そで》なし羽織は、継《つぎ》がみごとにあたっていたということです。

旧・永尾家は当初、本席の新宅として中南《なかみなみ》の門屋前に建てられた。写真は、お運びの間として使われた部屋

男女によらん道の台

おやさまに結婚の縁談をまとめていただいたのちは、「行くでもない、貰《もら》うでもない」というお言葉のとおり、明治二十一年に永尾と姓を改め、夫の楢治郎《ならじろう》（旧姓・上田）とともにおやしきにつとめました。

夫は明治三十二年に亡くなり、明治四十年には父である本席様が出直されます。母はすでに亡く、

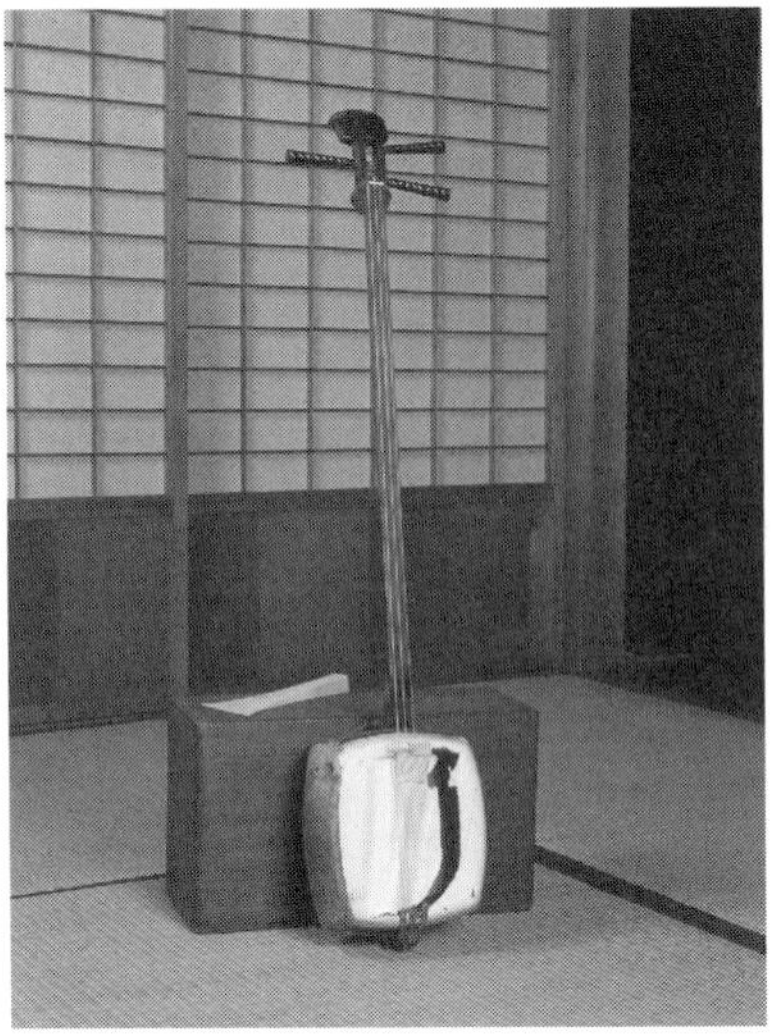
よしゑが使用した三味線。組み立て式で、箱に収納できる

子ども三人をかかえての道中でしたが、おやさまの教えを胸に勇んで通りました。

おやさまから「鳴物の芯」として大事に育てられ、後年には、おやしきにおいて三曲の鳴物を大勢の人に教える指導的な立場に立っています。

そのよしゑに、神様は「男女《おとこおんな》によらん。道の台一つから」とさとされています（「明治三十四年三月七日永尾よしゑ身上のぼせに付願」『おさしづ』改修版、巻五、3962ページ）。

どちらかというと、女よりも男がという雰囲気のあった時代に、男だけでなく女も、わたしこそは道の台という自覚をもって、ひながたの道を歩む女性を育ててほしいといわれるのです。

よしゑは「女は道の台」という講演をされています。これが「女は道の台」という言葉の出典であろうといわれます。積極的に、おやさまに続こうとするその精神は、『みちのだい』という天理教婦人会の機関誌となって、こんにちに受け継がれています。

「おやさまは、葉っぱ一枚も粗末にしてくれるなといわはったで」と、人の悲しみはじぶんの悲しみ、人の喜びはじぶんの喜びとして、人や物を生かし、道の子どもをはじめ大勢の人から母と慕われた生涯でした。

参考文献

永尾のぶえ「永尾芳枝」『みちのだい叢書』第1集、天理教婦人会、昭和25年
飯降絹枝「私の好きなお言葉」『みちのだい』第2号、昭和29年
永尾のぶえ「ふせ込み一途に・永尾よしゑ様――先人のおもかげ」『みちのだい』第7号、昭和31年
飯降尹之助「芳枝祖母の遺訓――古き話新しき糧」『みちのとも』昭和40年4月号
永尾のぶえ「女は一に愛想――古老より聞いたはなし」『みちのだい』第33号、昭和41年
永尾のぶえ「飯降よしゑ様――先人のおもかげ」『みちのだい』第50号、昭和46年
永尾広海「鳴物の手ほどき――教祖と先人」『みちのとも』昭和51年2月号

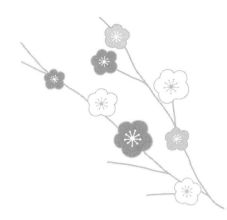

Masui Osame

桝井おさめ

腹の立つ理は、めんめん我が心にあるのやで

母親に連れられ、おやしきへ参拝していたおさめ。明治７年、おやさまが初めてお召しになる赤衣《あかき》を仕立てる御用をつとめた

（『稿本天理教教祖伝逸話篇』「三五 赤衣」）

この道の信心の第一は、一名一人《いちめいいちにん》がみずからの心を治めることにあります。ひとりの心の誠真実によって一家が治まり、それは土地所の、やがては世界中の治まりとなると教えられます。

そこで、みずからの心を治めるという、そのポイントを、桝井《ますい》おさめという先人に求めたいとおもいます。

自分のものとおもえば

桝井おさめ（もとの西尾《にしお》ナラギク、安政四〈一八五七〉年～大正十五〈一九二六〉年）は、大和国添上郡伊豆七条村《やまとのくにそえかみいずしちじょう》（現在の奈良県大和郡山《やまとこおりやま》市伊豆七条町）に生まれました。母の西尾ゆきは『稿本天理教教祖伝』にも名前がみられる古い信仰者です。

明治七（一八七四）年、十八歳のナラギクは持病をご守護いただいた喜びから、おやしきに帰り、お手伝いをしていました。

やがて、おいとましようとすると糸つむぎの用事を出してくださったので、一生懸命つむいでいると、おやさまがお越しになってナラギクの肩をポンとおたたきになり、そのできあがったのを三度おいただきになり、

「ナラギクさん、こんな時分《じぶん》には物のほしがる最中《さいちゅう》であるのに、あんたはまあ、若いのに、神妙《しんびょう》に働いて下されますなあ」

「先になったら、難儀しようと思たとて難儀出来んのやで。今、しっかり働いて置きなされや」

とおっしゃいました（『稿本天理教教祖伝逸話篇』「三七　神妙に働いて下されますなあ」63〜65ページ）。

また、このとき、

おやさまお手製のぬいぐるみ。
長男・安松《やすまつ》が、おやしきへ初参りしたときにいただいたもの

「自分のものと思えば自分のもの、自分のものであるから、楽しんで先は結構になるのやで」

と噛《か》んでふくめるように聞かせてくださったとも伝えられています。

なにごとも我《わ》がこととしてつとめるところに、徳はみな我が身につけてくださり、先では結構にご守護くださる。そのお言葉は生涯忘れられないものとして心にのこされました。

明治九年、おやさまは、桝井伊三郎《いさぶろう》との縁談をまとめてくださいました。約束の日に、おやしきへ、桝井、西尾の親が本人とともに、重箱に出来合いのご馳走《ちそう》を持って帰るのです。

結婚は家と家との、という時代にあって、道に親族はない、みな、きょうだい、といわれ、そのときおやしきに居合わせていた信者が参列して、いとも簡単に結婚の盃《さかずき》をおやさまの前で交わしていただきました。

おさめと夫・伊三郎が生まれ育った伊豆七条村（大和郡山市伊豆七条町）は、おぢばの北西、現在の郡山インターチェンジのあたりにある。集落の周りに、のどかな田園風景がひろがる

狭い道が続く伊豆七条町。所々にのこる白壁の建物から、往時の雰囲気が伝わってくる

おやさまは二人の手を、ご自分の右と左にお握りになって、「これで目出度《めでた》くおさまったから」と、おさめと名づけてくださいました。

人の田に水を

同じ伊豆七条村に生まれた夫の伊三郎（嘉永三〈一八五〇〉年～明治四十三〈一九一〇〉年）は、母キクとともに、十五歳のころからおやしきへ通っています。

元治元（一八六四）年、危篤《きとく》の母をみかねて、片道五十町（約五・五キロ）の道のりを歩いて一日に三度おやしきへ帰り、おやさまに願いました。ならんなか、親のために運ぶ心の真実を神様はおうけとりくださいました（『稿本天理教教祖伝逸話篇』「一六　子供が親のために」22～24ページ）。明治七年には、「かんろだいのさづけ」を戴《いただ》いています。

伊三郎とともに、おさめは、神様のお話を、しっかりそのまま心に守って通りました。その具体的な様子は『稿本天理教教祖伝逸話篇』にうかがうことができます。それらは、息子である桝井孝四郎《こうしろう》（明治二十七〈一八九四〉年～昭和四十三〈一九六八〉年）によって伝承されていますが、そのいくつかを、逸話篇や『みかぐらうた語り艸《ぐさ》』（道友社）などからあげてみましょう。

明治十六年、大和国一円は大干《かん》ばつにみまわれ、大騒ぎになります。伊三郎は、伊豆七条村の人びとが田に出て水掻《か》いをするなか、我が家の田は放って、おやしきの田の世話をしていました。

そこへ、隣近所がやかましいので帰宅してほしいと使いがきます。我が家の田はどうなってもよいと、それを断ったのですが、よく考えてみると、じぶんは神様の結構が分かっているが、隣近所に不足をさせては申し訳ない。そこで帰宅して、おさめとともに、夜更けまで田の水掻いをしました。

しかし、じぶんの田には一滴の水も入れず、人の田にばかり水を入れてまわったのです。それでも、おさめは、神様におねがいしたご神水を茶碗《ちゃわん》に入れて、藁《わら》の穂先で我が田の周辺に打ち水をしてまわりました。

後日、おさめが我が田を見に行くと、水を引いて入れたあとのように、田一面に水の光が浮き上がっていました（『稿本天理教教祖伝逸話篇』「一二二　理さえあるならば」205〜208ページ）。

そのことを伊三郎につげると、「それが天理やがな」とニッコリして、つぎのように話しました。

人のために働くと、我が身は損をするようにおもう。けれども、人のために働くのは、池の水を向こうへ押すようなもの、水はすぐに横から返る。神様は我が身に徳をお返しくださるのや。

反対に、人のことよりも、我が身のため、我欲のために働くのは、ちょうど池の水をかきよせるようなもの。いくらかきよせても、池の中に水の山はできようまい。水は横から、みな逃げていく。水が逃げていくのやない、我が身の徳が逃げていくのや。

身上は神様のかしもの・かりもの、心一つが我がの理。着物や食べ物があるから徳があるとおもうのは、たいへんな思い違いや。人のために働いてちょうだいする徳は金銭では買えない、生涯末代の徳を神様がくださるのや。

この田の水掻いの話を、息子の孝四郎は、おさめから何度も聞かされたといいます。

神様は見抜き見通し

おさめが、桝井キク母から聞いたと伝える神様のお話があります。

おやさまは、あるとき、

「人の腹というものは、腹綿というて、やわらかい腹をかしてあるのやで、腹の立つような腹をかしてあるのやないで、立つ理は、みな、めんめん我が心にあるのやで」

と、キクに聞かせてくださいました。

人は、じぶんにとって好ましくないことに出合うとカチンと腹が立つ。けれども、腹が立つのは、みな一名一人《いちめいいちにん》、我が心で腹を立てているといわれるのです。

じっさい、おやさまは、

「伊三郎さん、あんたは、外ではなかなかやさしい人付き合いの良い人であるが、我が家にかえって、女房の顔を見てガミガミ腹を立てて叱《しか》ることは、これは一番いかんことやで。それだけは、今後決してせんように」

と、伊三郎にさとされています（『稿本天理教教祖伝逸話篇』「一三七　言葉一つ」228〜229ページ）。

このとき、女房がおやさまに告げ口したのではないかとおもうと、やはり腹が立ちましたが、そんなはずはない、神様は見抜き見通しである。これは腹立ちの心にたいするおさとしと気づき、その場で「今後は一切腹を立てません」と固く心を定めたところ、家に帰っても、少しも腹が立たない、心に腹の立つようなことが映ってこない。

それからは伊三郎は、それはそれはやさしい人になられたと、おさめは語り伝えています。

神様のお話（「こふき話」説話体十六年本桝井本）に、この世は月日親神のからだ。天地抱き合わせの世界に、人間はその懐住《ふところずま》いをしている。それゆえ、人間のすることに、月日親神の知らぬことはない。人間はみな神の子。身の内の守護は神のかしものゆえに、他人というはさらにない。みな、きょうだい——とあります。

神様の世界にあっては外も内もなく、すべて見抜き見通しで、一名一人の心しだいにご守護をくださいます。

人間は身の内に神様のご守護をいただき、等しくいのちを与えられています。自他を隔てる我欲はすてて、たがいにたすけ合う心になってほしいといわれるのです。

おさめが我が心に治めて素朴に語る話は、おやさまから聞かせていただく神様のお話の真髄を、いきいきと伝えています。

参考文献

桝井喜代「桝井おさめ」『みちのだい叢書』第1集、天理教婦人会、昭和25年
桝井孝四郎『みかぐらうた語り艸』道友社、昭和30年
中山正善『こふきの研究』道友社、昭和32年
桝井香志朗「他人の田に水を引く」『陽気』昭和27年6月号
桝井まつ「長者と腹立ちの話――古老より聞いたはなし」『みちのだい』第33号、昭和41年

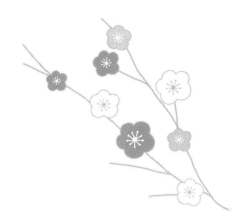

Kajimoto Haru

梶本はる

元の親、元のぢばを信じきって

今回は、おやさまの三女、おはる〈天保二〈一八三一〉年～明治五〈一八七二〉年・幼名きみ〉という先人を取りあげてみましょう。

こんにち、おはる自身による口伝《くでん》や手記などの史料を見つけることはできません。けれども、おはるをとおして、折にふれて導かれたおやさまのお言葉や史実が伝承されています。

その、いの一番に「をびや許し」をあげることができます。

ほんとうに頼りにすべきもの

おやさまは五十年にわたり、「月日のやしろ」として親神様の思召《おぼしめし》を伝え、身をもって陽気ぐらしの「ひながた」を示してくださいました。それは、天保九〈一八三八〉年十月二十六日から明治二十〈一八八七〉年正月二十六日にいたる道すがらです。御年のうえからは四十一歳から九十歳にあたります。

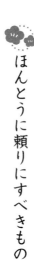

目には見えない親神様の思召を、人びとに分かるよう、身にあらわし順序をふんで、陽気ぐらし世界への道筋をつけられました。

おやさま五十六歳、立教十六年の嘉永六（一八五三）年には、

「これから、世界のふしんに掛《かか》る。祝《いお》うて下されー」

とおっしゃって、中山家の母屋《おもや》を売り払われました（『稿本天理教教祖伝』34ページ）。

母屋をも売り払ったどん底から、この道は始めかけられたのです。

母屋に象徴される家柄や財産を大事に、頼りにして生きる。そうした常識的な考えかたを断ちきって、ほんとうに頼りにすべきものはなにかということを、じっさいに通って示してくださいました。

そして、その翌年の嘉永七年、おやさま五十七歳のとき、おはるの初産《ういざん》にあたり「よろづたすけの道あけ」である「をびや許し」を最初に出されるのです。

ふしぎな安産のご守護をくださる、「をびや許し」をきっかけとして、疑い深い人

びとの心の目は、ひらかれていきました。

おはるは、おやさまの三女として、天保二年九月二十一日夜、おやしきに生まれました。天保九年、数え八歳のとき、実母であるおやさまは「月日のやしろ」と定まり、以後、貧に落ちきる道を歩まれるのです。

「この家へやって来る者に、喜ばさずには一人もかえされん。親のたあには、世界中の人間は皆子供である」

という親神様の思召のまにまに、困っている人にたいして、はてしなく施《ほどこ》し尽くされました（『稿本天理教教祖伝』25ページ）。

その道中を、ともにして成長され、立教十五年の嘉永五年、二十二歳で櫟本《いちのもと》村の梶《かじ》本惣《もとそう》治《じ》郎《ろう》（文政十〈一八二七〉年～明治二十〈一八八七〉年）へ嫁《とつ》ぎ、はると名前を改めました。

縁談の話を聞かれたおやさまは、惣治郎の「心の美しいのを見込んで嫁にやろう」

とおっしゃって、縁談は整ったといわれています。

一心に親神にもたれて

おはるへの「をびや許し」に先んじて、おやさま四十四歳のときには、みずからの身に試《ため》して「をびやためし」をなさいました。

妊娠七カ月目のある夜、流産されますが、翌朝、汚れた布類をみずから洗って干されると頭痛はきれいに治まりました。

このことについて『稿本天理教教祖伝』に、

「一つ間違えば命も危ないという流産の場合でさえ、一心に親神に凭《もた》れておれば、少しも心配なく、産後にも何の懸念もないという事を、先《ま》ず自らの身に試して、親神の自由自在《じゅうようじざい》を証された」

としるされています（35ページ）。当時おはるは十一歳。親神様にもたれていれば何の心配もないということを、母であるおやさまの姿をとおして目の当たりにされたとおもうのです。

そののちにおやさまは、おはるの初産にあたって、

「内からためしして見せるで」

と仰せられて、腹《おなか》に息を三度かけ、同じく三度なでておかれました（同右36ページ）。

これが「をびや許し」の始まりです。

嘉永七年十一月五日お産の当日、大地震があって産屋《うぶや》の後ろの壁が一坪あまりも落ちかかりましたが、おはるは、心おだやかに楽々と男児を出産しました。

人びとは、「をびや許し」をいただいていれば心配はいらない、なるほどと納得したというのです。

その日の大地震は、「安政の大地震」とよばれるものです。六月十五日の大地震に始まり、以後、地震は断続的に起こり、十一月四日、五日に大地震。

度重なる災変に、十一月二十七日には年号を「安政」と改めますが、余震や中震は十二月になってもやまず、村方や町方に甚大な被害をあたえました。

こうした「大地震」のただなかにあって、おはるは、一心に親神様にもたれて、長男亀蔵《かめぞう》を安産しました。

神の教えどおりにすれば

おやさまは「をびや許し」について、「人間宿し込みの親里である元のやしきから出す安産の許し」で「をびや一切《いっさい》常の通り、腹帯《はらおび》いらず、毒忌《どくい》みいらず、凭《もた》れ物《もの》いらず、七十五日の身のけがれも無し」と教えられています（『稿本天理教教祖伝』43～44ページ）。

女の大厄《たいやく》ともいわれるお産は、さまざまな因習や思想と結びついています。当時、とくに出産後の女性は穢《けが》れているとされ、忌《い》みが明けるまでのあいだ、日常の暮らしをすることは許されませんでした。

「をびや許し」で教えられるのは、そうした常識とされる因習や考えに頼るのをやめて、親なる神様のご守護を信じきるということです。

諸井政一《もろいまさいち》「道すがら外編」には、「をびや許し」について、

「是《これ》は人間はじめた元の親、又《また》元の地場の証拠に、この屋しきから、許《ゆるし》を出すのやで」

と、「をびや許し」は「証拠」であるといわれています。

親神様は人間とこの世を創《はじ》めた元の親であり、元のやしきは人間を創めた「ぢば」である。その証拠に、おやしきから「をびや許し」を出す。そして、

「神のいふ事《う》うたがふ《ごう》て、うそと思へ《え》ばうそになる。真実に、親に許して貰《もろ》ふたと思ふて、神のいふ通りにする事なら、常の心のよし、あしをいふやない。常の悪《あ》しきは別にあらはれ《わ》る」

と、おやさまが伝えてくださる親神様の教えを疑わず、その教えどおりすることが肝

心といわれるのです。常ひごろの心づかいは問われません。

具体的には、お産をめぐる慣習を断つということを教えていただくのですが、これについては、清水《しみず》ゆきというかたの伝承にあるとおりです。

おはるの、産後すぐから常とかわらずはたらく姿をみて驚いた隣家のゆきは、じぶんの出産にあたり「をびや許し」をお願いします。ゆきは、おはるのときと同じように「をびや許し」をいただくのですが、産後の熱で伏せってしまうのです。

おやさまにおうかがいしてもらうと、

「疑いの心があったからや」

とおっしゃいました（『稿本天理教教祖伝』37ページ）。そのお言葉に、ゆきは心底から反省します。

おやさまのお言葉にもたれきれず、毒忌みや凭れ物といった昔からの慣習にしたがっていたのです。

そして、このつぎはけっして疑いませんと誓い、二度目は慣習にはしたがわず、一《ひと》筋《すじ》に神様にもたれていたところ、あざやかに安産しました。

をびや許しとおつとめ

おやさまのお姿や言動、なにより「をびや許し」をとおして、おはるは、元の親、元の「ぢば」という理を心に治めておられたとおもうのです。

おはるには、七人の子どもさんがあります。長男は亀蔵ですが幼くして亡くなります。亀蔵は、梶本家にあっては長男で、おやしきに貰《もら》い受けることはむずかしかったといわれます。三男・眞之亮《しんのすけ》として生まれかわり、おやさまのお言葉によって、十五歳でおやしきへ迎えられます。

次男は松治郎《まつじろう》（梶本家当主）、長女たけ、次女ひさ、四男留治郎《とめじろう》（夭折《ようせつ》）、五男楢治《ならじ》郎《ろう》という七人です。

この長男亀蔵の生まれかわりの逸話に「をびや許し」が「証拠」であるといわれる意味を、みつけることができるようにおもいます。

おやしきは、元の親がおいでになる元の「ぢば」で、世界に二つとない場所である。それを信じて疑わない。これが「よろづたすけの道あけ」として、いちばん最初に教えられた「をびや許し」の眼目です。

人間の出生、生まれかわりについては親なる神様の領域です。人間には、うかがい知ることができないその話を、疑わず、そのとおりにつとめる。このことは、「よろづたすけの道」である「おつとめ」の成立において、はずせません。

おやさまは、明治二年正月より、筆をとって「おふでさき」をしるされ、「をびやづとめ」をお教えくださいます。

明治八年、「かんろだいのつとめの手一通りが初めて整い」、つづいて、「をびやづとめ」など十一通りの特別願いのおつとめの手を教えられました。

あしきを払うて　どうぞ
おびや
すつきり早くたすけたまへ
天理王命
南無天理王命
南無天理王命
（七回繰り返す）
という地歌による「をびやづとめ」（中山正善『続ひとことはなし　その二』道友社、146ページ）によって、こんにち「をびやの御供《ごく》」をおだしくださっています。

おぶって、手を引いておやしきへ

おはるは、眞之亮が小さいころから、おぶって、あるいは手を引いて、たえずおやしきへ帰りました。ひさも、母に手を引かれておやしきへ帰ったという話を伝えています。

眞之亮は、明治十五年には中山家の家督を相続し、道の真柱として重責をはたされました。ひさも、若い時分《じぶん》からおやさまのお側《そば》で一筋につとめ、道を支えました。

里の中山家の母屋が毀《こぼ》たれたさい、その材木は四キロあまり西北のほうへ売られていきました。おやさまのなさることが理解できない世間の人びとは、おやさまをあざけり笑いました。

そのようななかにあっても、おはるは、幼い子どもの手を引いておやさまのおいでになるおやしきへ、しょっちゅう通いました。元の親、元の「ぢば」を信じきって通られた姿勢を、ここに、うかがうことができるのです。

参考文献

中山正善『続ひとことはなし　その二』道友社、昭和32年
教義及史料集成部編『稿本中山眞之亮伝』道友社、昭和38年
諸井政一「道すがら外編一」『正文遺韻抄』道友社、昭和45年
道友社編『ひながた紀行――天理教教祖伝細見』道友社、平成5年

おわりに

本書は、令和三年（二〇二一年・立教一八四年）四月から令和四年（二〇二二年・立教一八五年）六月にかけて、『天理時報』において「信心への扉――おやさまに導かれた女性」というタイトルのもとに書かせていただいたものです。

くわえて、このたび、「梶本はる――元の親、元のぢばを信じきって」の一編を書きおろしました。

『天理時報』は、令和三年四月四日号よりタブロイド判へとリニューアルされましたが、その見開きページに「特別企画」として、九回にわたって記事が連載されました。それらの記事にみられる、たくさんの写真とその説明は、編集部でご配慮くださったものです。

この本に収められている連載の発行日をしるします。

1、増井りん（上）――心がうれしくなって晴ればれする世界へ　令和3年4月4日号

2、増井りん（下）――人を喜ばしたら神様が喜んでくださる　同3年4月25日号

3、梅谷たね――いつも綺麗な心で、人様に喜んでいただくように　同3年5月30日号

4、山澤ひさ――人を喜ばせ満足さすという心　同3年7月4日号

5、山田こいそ――目に見えん徳いただきとうございます　同3年9月19日号

6、辻とめぎく――やっぱり、おつとめに出させていただいてよかった　同3年10月27日号

7、中山たまへ――この道は、おやさまおひとりからできた道や　同4年1月5日号

8、永尾よしゑ――おやさまは、葉っぱ一枚も粗末にしてくれるなといわはったで　同4年3月30日号

9、桝井おさめ――腹の立つ理は、めんめん我が心にあるのやで　同4年6月1日号

10、梶本はる――元の親、元のぢばを信じきって　（書きおろし）

ここで取りあげた九人の女性は、おやさまから親しく教えをうけた先人です。この

ほかにも、おやさまのお側《そば》においでになった女性はおられます。けれども、よりどころとなる資料が出版されているということになると、その数は、かなりしぼられます。

先人みずからの手記や講話録、あるいは先人についての記事などを探索して読むことは、先人をとおして、おやさまに近づかせていただくようで、思いのほか楽しい作業でした。おもだった資料については、先人ごとに、各回の末尾に一覧を付しています。

人はみな、その時代の制約のもとに生きています。常識は時代とともに移りかわります。女性の先人を取りあげてほしいという編集部からの依頼をうけて、いま、女性をどのように書くことができるだろうかと考えました。

そして、資料を読み心をつよく打たれた、先人の生きかたとその心の内を描いてみようとおもいました。

「おふでさき」に、

この木いもめまつをまつわゆハんでな
いかなる木いも月日をもわく　（第七号　21）

としるされています。そのおやさまのお心を、先人の歩みは具体的に教えてください
ます。

おやさまが現身《うつしみ》をおかくしになって、一四〇年が経《た》とうとしています。いま、求められているものはなにか。それは、先人の心の目をひらかれた、おやさまの教えの真髄を探究することではないかと考えながら、この『信心素描』を書かせていただきました。

連載中、そしてこの本の刊行にあたっては、道友社編集出版課の方々に、たいへんお世話になりました。ここに、しるして感謝の意を表します。

令和七年三月　　伊橋　幸江

伊橋幸江（いはし・ゆきえ）

昭和40年（1965年）、奈良県天理市生まれ。63年、天理大学外国語学部英米学科卒業。平成２年（1990年）、天理教校本科卒業。同年から天理教校本科に勤務し、現在、天理教校本科研究課程講師。天理大学非常勤講師。鎮西《ちんぜい》大教会王和《おうわ》布教所教人。

論文に、「教理の展開について—『おさしづ』の『をや』『親』をめぐって」（『天理教校論叢』第26号）、「『難儀さそう不自由さそうというをやは無い』考」（『天理教学研究』第35号）、「『おさしづ』の『男女の隔て無い』とその文脈」（同、第42号）ほか。共編に、『おさしづ割書教会名索引』（天理教校論叢別冊）。

信心素描《しんじんそびょう》——おやさまに導《みちび》かれた女性《じょせい》

立教188（2025）年５月１日　初版第１刷発行

著　者　伊　橋　幸　江

発行所　天理教道友社
〒632-8686　奈良県天理市三島町１番地１
電話　0743（62）5388
振替　00900-7-10367

TENRIKYO DOYUSHA

印刷所　株式会社天理時報社
〒632-0083　奈良県天理市稲葉町80番地

ISBN978-4-8073-0672-5
定価はカバーに表示